MISSION ARCHÉOLOGIQUE FRANÇAISE

AU CAIRE

TOME SEPTIÈME

ÉVREUX, IMPRIMERIE DE CHARLES HÉRISSEY

MÉMOIRES

PUBLIÉS

PAR LES MEMBRES

DE LA

MISSION ARCHÉOLOGIQUE FRANÇAISE AU CAIRE

Sous la direction de M. U. BOURIANT

TOME SEPTIÈME

PRÉCIS DE L'ART ARABE

ET

MATÉRIAUX POUR SERVIR A LA THÉORIE ET A LA TECHNIQUE DES ARTS DE L'ORIENT MUSULMAN

Par J. BOURGOIN

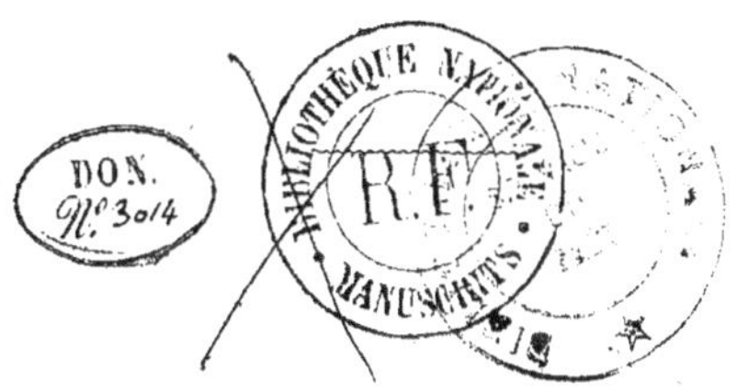

PARIS

ERNEST LEROUX, ÉDITEUR

LIBRAIRE DE LA SOCIÉTÉ ASIATIQUE

DE L'ÉCOLE DES LANGUES ORIENTALES VIVANTES, DE L'ÉCOLE DU LOUVRE, ETC.

28, RUE BONAPARTE, 28

1892

PRÉCIS

DE

L'ART ARABE

ÉVREUX, IMPRIMERIE DE CHARLES HÉRISSEY

PRÉCIS

DE

L'ART ARABE

ET

MATÉRIAUX

POUR SERVIR

A L'HISTOIRE, A LA THÉORIE ET A LA TECHNIQUE

DES

ARTS DE L'ORIENT MUSULMAN

PAR

J. BOURGOIN

PARIS

ERNEST LEROUX, ÉDITEUR

28, RUE BONAPARTE, 28

1892

PRÉCIS DE L'ART ARABE

L'ARCHITECTURE

KOUBBÉS, MINARETS, VOUTES, STALACTITES
ENTRÉES, PORTES, FENÊTRES, ETC.

EXPLICATION DES PLANCHES

PLANCHE I

Vue du Souq-el-Asr, le *marché du matin* au Caire, rue conduisant à Bâb-en-Nasr, la porte du « *Secours de Dieu* ». Minaret de la mosquée élevée au commencement du XIVe siècle par le sultan mamlouk Rokn-ed-dîn Beibars el-Djachenkyr. Ce minaret est en briques revêtues ou habillées d'enduit et appartient par sa construction et son style à la tradition fatimite.

Cette planche est la reproduction photographique d'une charmante aquarelle d'Ambroise Baudry. Nous devons à son amitié et à celle de l'heureux possesseur M. Arthur Rhoné le plaisir d'ouvrir notre recueil un peu spécial, un peu technique, par une image vive et animée de l'un des aspects, entre mille, de la prestigieuse ville du Caire. Cette cité, naguère la Perle de l'Orient, réalisait bien l'image tout élyséenne de la Bagdad des contes arabes. Nos descendants ne connaîtront plus les souvenirs enchanteurs qu'elle a laissés à ceux qui ont pu la voir et l'aimer avant que le progrès moderne y eut développé son œuvre de transformation rapide et de vandalisme inutile.

PLANCHES II à VI

Mosquée du sultan Nasser ed-Dîn Moh-ben-Kalawoûn (1318), à la Citadelle du Caire. État actuel.

Pl. II. — Construction en pierre revêtue, dans la partie supérieure qui surmonte la seconde galerie, de placages en carreaux de faïence découpés et ajustés. Ces faïences sont de trois tons, blanc, vert d'eau et bleu lapis. Le bouton terminal est en bronze. Au-dessous le plan des stalactites de la seconde galerie. A et B profils.

Pl. III. — *Fig.* 2 et *fig.* 1. Partie inférieure du minaret et vue d'aspect des stalactites d'encorbellement de la première galerie.

Pl. IV. — Autre minaret de la même mosquée. La partie supérieure revêtue de faïences de trois tons, bleu lapis, blanc et vert d'eau.

Pl. V. — *Fig.* 1, 2, 3 et 4. Élévations et plan d'un balcon indiqué Pl. III, *fig.* 2. — *Fig.* 5. Plan des stalactites de la première galerie, Pl. II et III. — *Fig.* 6 et 7. Plans des stalactites du minaret, Pl. IV.

Pl. VI. — Plan et élévation perspective d'une voûte en stalactites surmontant l'une des entrées de la mosquée.

PLANCHES VII et VIII

Minaret de la mosquée de l'émir Ak-Sonkor au Caire (1347), aujourd'hui mosquée d'Ibrahim-Aga, qui la restaura en 1652.

Pl. VII. — *Fig.* 1. Naissance du fût circulaire. *Fig.* 2. Plans des étages successifs et des stalactites d'encorbellement.

Pl. VIII. — Etat actuel du minaret, la seconde galerie et le couronnement ont disparu.

PLANCHES IX et X

Minaret au petit Karafat ou cimetière de l'Imam-Chafeÿ au Caire (XIVe siècle).

Pl. IX. — Au-dessus du massif, de la hauteur du mur d'enceinte de la mosquée aujourd'hui démolie, commence le socle dont le plan carré passe à l'octogone par des glacis dièdres et qui est accompagné par des balcons sur quatre faces et terminé par un bandeau mouluré. Le plan des stalactites des balcons est indiqué au bas de la planche. Le premier étage de huit faces, a huit ouvertures, dont quatre aveugles, surmontées de l'arc persan ou fatimite. Les ouvertures étaient ou devaient être accompagnées de colonnettes d'angle du diamètre de l'enfoncement. L'étage est terminé par une frise à cordon mouluré inscrivant un œil aveugle dans le rectangle de chaque face. Au-dessus de cette frise commence l'encorbellement en stalactites de la première galerie.

Pl. X. — Partie supérieure du minaret. En commençant par le bas se superposent successivement : 1° l'encorbellement en stalactites de la première galerie ; le plan est à côté ; 2° le fût circulaire se composant de trois assises d'un moindre diamètre ; d'une assise moulurée en saillie ; de cinq assises unies et d'une sixième ornée d'écritures ; enfin d'un encorbellement en stalactites dont le plan est à côté ; 3° le troisième étage sur plan octogonal se composant de trois assises unies ; d'une quatrième assise avec glacis sur les faces, ménageant aux angles le socle d'une colonnette ; de cinq assises unies ; d'une assise taillée de stalactites à chandelles ou pendillons avec aux angles le couronnement des colonnettes qui n'ont jamais été posées ou qui ont disparu ; au-dessus une assise taillée d'écritures et l'encorbellement de la dernière galerie dont le plan est à côté. Le couronnement n'existe plus.

PLANCHES XI et XII

Minaret à Damas (xve siècle). État actuel.

Pl. XI. — La partie supérieure à partir de la galerie est de reconstruction ultérieure. De haut en bas les parties successives sont : 1° l'encorbellement en stalactites qui raccorde le plan carré du minaret au dodécagone circonscrit de la galerie (Pl. XII, *fig.* 3) ; 2° le dé dont les quatre faces sont moulurées d'un cordon périphérique se raccordant par des boucles à un cordon circulaire dont le cercle intérieur se compose successivement d'une couronne à claveaux en pierre jaune, d'une couronne en pierre de lave noire, et d'une troisième couronne à claveaux enceignant le trou. Les écoinçons devaient recevoir un motif de frette, incrusté de pierre noire, dont un seul a été achevé. Le dé est compris haut et bas entre deux assises unies, celle du bas surmonte une assise composée de claveaux taillés en fleurons alternativement jaunes et noirs.

Pl. XII. — *Fig.* 1. Partie du fût principal creusé sur chaque face d'une niche en enfoncement surmontée d'une voussure en stalactites, *fig.* 2, et accompagnée de chaque côté d'un bas-enfoncement avec balcon; aux angles, une colonnette, surmontée d'un dais en stalactites, *fig.* 4 et 6. — La *figure* 3 représente le plan du fût et de la galerie dodécagonale. — La *figure* 5 est le plan des stalactites de couronnement. — La *figure* 7 est le profil du bouton, *fig.* 2. — La *figure* 8 est le profil du cordon de moulures du dé. — La *figure* 9 est le profil du bandeau du couronnement de la partie inférieure du minaret actuellement noyée dans des constructions adjacentes. La *figure* 10 est le détail de la couronne en pierre noire du dé, Pl. XI. — La *figure* 11 est le détail de l'écoinçon de l'œil cavé, *fig.* 1.

PLANCHES XIII à XV

Minarets à Damas du xvie au xviiie siècle.

Pl. XIII. — Plan octogonal raccordant le départ par des glacis dièdres; au-dessus, enfoncements avec balcons, triples colonnettes aux angles et couronnements trilobés en pierre noire; des assises alternativement unies et chargées d'ornements et d'écritures se succèdent jusqu'à l'encorbellement en stalactites. (V. Pl. XIV; *fig.* 8, 9, 10 et 11.)

Pl. XIV. — *Fig.* 1 et 2. Partie supérieure et fût d'un minaret dont les détails sont représentés par les *figures* 3, 4, 5, 6 et 7. Les *figures* 8 à 11 sont les détails du minaret de la Planche XIII.

Pl. XV. — Deux minarets dont le premier a pour encorbellement de la galerie une suite d'assises moulurées. Le second a un encorbellement en stalactites, surmonté d'une galerie découpée en ajours.

PLANCHE XVI

Loggia de deux arcades en encorbellement au Caire (xve siècle.) Etat actuel. Elévation, perspective et détails du retour ou petit côté. Des fermettes surmontent les colonnettes et formaient auvent.

PLANCHE XVII

Loggia à Damas (XVIe siècle). — *Fig.* 1. Plan du plafond milieu entre les consoles d'encorbellement. — *Fig.* 2. Détail de l'extrémité des consoles et de la découpure des consoles transversales.

PLANCHE XVIII

Porte du mehkémeh (Tombeau) Azizié à Damas, et plan *fig.* 2. Porte dans le faubourg de Salahieh à Damas (XIIIe siècle). Les *figures* 1 à 4 sont les détails de la planche XIX.

PLANCHE XIX

Entrée de la Médresseh (Ecole) d'El-Malek-el-Adel (XIIIe siècle). L'enfoncement est recouvert d'une voûte semblable à celle de la PLANCHE XX, mais d'une exécution plus rude.

PLANCHE XX

Voûte surmontant l'entrée d'une médresseh, à Jérusalem (XIIIe-XIVe siècles). Plan et aspect perspectif. (Voir la PLANCHE XIX.)

PLANCHES XXI à XXVI

Médresseh et Koubbé (Tombeau) d'Abou-Saleh au cimetière de l'Imam-Chafey au Caire (XIVe siècle.)

PL. XXI. — Première porte de l'enceinte. Plan et aspect perspectif des stalactites.

Pl. XXII. — Plan et aspect perspectif des stalactites surmontant la porte principale. Profils du bandeau de couronnement et de la baguette d'encadrement contournant la façade de l'enfoncement.

Pl. XXIII. — Ensemble de la porte principale. Plan du vestibule (A) et (B) porte intérieure, amortissement de la voûte d'arête et détail de l'enfoncement en face de la porte d'entrée. — *Fig.* 1. Angle de l'inscription. — *Fig.* 4. Profil de la moulure d'encadrement du linteau de la Planche XXI. — *Fig.* 2 et 3. Profil et détail de l'encadrement du linteau et de la console.

Pl. XXIV. — Enfoncement d'une fenêtre et plan des stalactites.

Pl. XXV. — Deux autres enfoncements. Plan des stalactites du pan coupé et détail de la retombée et de la voussure.

Pl. XXVI. — Enfoncement et crête de couronnement du mur. Détail du linteau et de l'arc de décharge. Détail perspectif des stalactites du couronnement en arc persan et profils divers. Détail d'une lettre de l'inscription.

PLANCHES XXVII à XXXII

Maison de l'émir Bardak, au Caire près sultan Hassan (xive siècle).

Pl. XXVII. — Plan des voûtes de l'enfoncement de l'entrée.

Pl. XXVIII. — Aspect perspectif des stalactites de la voûte d'entrée Plan et aspect perspectif des stalactites des enfoncements barlongs latéraux.

Pl. XXIX. — Aspect perspectif des stalactites surmontant la porte d'entrée. Etat actuel.

Pl. XXX. — Plan de la salle voûtée faisant suite au porche d'entrée et plans des stalactites des enfoncements (A) et (B).

Pl. XXXI — Aspect perspectif des stalactites de l'enfoncement (A) *Fig.* 1 et 3. Plan et profil d'aspect de la retombée des arcs formeret de la voûte. — *Fig.* 2. Profil de l'œil-de-bœuf.

Pl. XXXII. — Détails divers de la porte. Pl. XXIX, Bezant ou disque d'écritures du linteau de décharge. Bande au-dessus formée d claveaux appareillés en marbre alternativement noir et blanc. Coquille d'angle de la voûte en stalactites et élévation géométrale des stalactites de l'enfoncement (B) de la planche XXX.

PLANCHE XXXIII

Plan et aspect perspectif des stalactites de l'enfoncement d'entrée de la mosquée funéraire d'El-Gaouly, au Caire (xive siècle-1323).

PLANCHES XXXIV à XXXVI

Bab-el-Kattanin, l'une des portes d'entrée de l'enceinte du Haram-ech-Chérif (Enceinte Sacrée) à Jérusalem (xive siècle).

Pl. XXXIV. — Aspect perspectif des stalactites de la voûte surmontant l'entrée.

Pl. XXXV. — Plan de l'entrée et des stalactites.

Pl. XXXVI. — Aspect perspectif et plan des stalactites des faces latérales sur la galerie.

PLANCHE XXXVII

Plan et aspect perspectif des stalactites surmontant l'entrée d'une medresseh à Jérusalem.

PLANCHES XXXVIII à XLII

Plans et aspects perspectifs des voûtes en stalactites surmontant des portes d'entrée à Damas (xiiie siècle).

Pl. XXXVIII. — Méhkémeh Bzourieh.

PL. XXXIX. — Médresseh.

PL. XL. — Médresseh.

PL. XLI. — Porte d'une mosquée.

PL. XLII. — Porte de la mosquée Toby.

PLANCHES XLIII à XLV

Porte avoisinant la mosquée de l'émir Cheykoun (aujourd'hui démolie) et construite par lui (milieu du XIVe siècle). Caire.

PL. XLIII. — Élévation perspective de la partie supérieure de l'entrée. Les battants de la porte sont revêtus d'appliques de bronze.

PL. XLIV. — Plan des stalactites; plan de l'enfoncement; commencement de la frise d'écritures.

PL. XLV. — Parties successives de la frise d'écritures qui se déroulent en contournant l'enfoncement de l'entrée.

PLANCHES XLVI et XLVII

Détails tirés du porche de la mosquée Soultân Hassan (XIVe siècle).

PL. XLVI. — Plan et élévation perspective des niches latérales. Plan et élévation d'une corniche saillante surmontant la niche.

PL. XLVII. — Détails des colonnettes d'angle de la niche : embasement, colonnettes, partie du chapiteau et plans respectifs. Développement de la marqueterie de marbres blanc et noir incrustés par listels dans la pierre de couleur dorée de la niche.

PLANCHE XLVIII

L'une des entrées de la mosquée d'Izz eddîn Elkatiry à Boulaq, au Caire (XVe siècle).

Plan et aspect perspectif des stalactites.

PLANCHE XLIX

Plan et aspect perspectif des stalactites d'un enfoncement de fenêtres de la mosquée de l'émir Altoûn-Boghâ-el-Merdâny (1338). échanson de Soultân Mohammed ibn-Kalawoûn, au Caire.

Plan et aspect perspectif des stalactites d'un enfoncement tiré d'une autre mosquée aujourd'hui détruite (xive siècle.)

PLANCHES L et LI

Pl. L. — Voussure de couronnement de la porte d'entrée de la mosquée de Cheik Behloul, au Caire (1482).

Voussure de l'entrée principale de la mosquée d'Izz eddîn Elkatiry, à Boulaq, au Caire (xve siècle).

Pl. LI. — Plan de voussures : de la mosquée d'Elkatiry *fig.* 1 (voir la Planche IV) ; des mosquées de Kaït-Bây (xve siècle) *fig.* 2, 3 et 4; et d'une mosquée anonyme *fig.* 5.

PLANCHE LII

Plan et aspect perspectif des stalactites de retombée de la coupole d'une koubbé située près de Bab-el-Hattabek, à la citadelle du Caire (xve siècle).

PLANCHES LIII et LIV

De la mosquée d'El-Yousoufi, au Caire (1372).

Pl. LIII. — Plan du vestibule et des voûtes en panache.

Pl. LIV. — Aspect perspectif des voûtes; *fig.* A, profil de l'œil-de-bœuf; *fig.* B, retombée des voussures et de la voûte en panache.

PLANCHE LV

Plan et élévation géométrale des stalactites en plafond du vestibule de la mosquée Bechtak, au Caire (xve siècle).

PLANCHE LVI

De la mosquée de l'émir El-Mas, au Caire (1330).

Plan des stalactites en plafond. Le fond laissé en blanc indique la partie ruinée de ces stalactites. Le raccord du fond est d'ailleurs difficile et l'appareilleur n'en venant pas à bout, aura pris le parti de *bousiller* son ouvrage.

Aspect d'ensemble de l'entrée et profil géométral de la face extérieure du plafond.

PLANCHES LVII et LVIII

Entrée de la mosquée el-Dardebakyeh, au Caire (xve siècle).

Pl. LVII. — Aspect perspectif de l'entrée.

Pl. LVIII. — Plan des stalactites. Placage en marbre blanc et noir du linteau. Panneau A d'écritures en coufique carré. Fleurons découpés des stalactites.

PLANCHES LIX et LX

Mosquée d'el-Gamâly au Caire (xve siècle).

Pl. LIX. — Aspect perspectif de l'un des enfoncements, avec la baie supérieure fermée d'un treillis découpé et incisé en plein bois.

Pl. LX. — *Fig.* 1. Plan des stalactites de la Planche LIX. — *Fig.* 2 à 4. Aspect perspectif, coupe et plan d'un autre enfoncement surmonté de l'un des merlons de la crête terminale. — *Fig.* 5. Aspect perspectif et plan d'un troisième enfoncement; ici le plan est renversé et c'est par erreur que la ligne extérieure se trouve au long de la paroi du mur.

PLANCHES LXI à LXIV

Mosquée d'Ay-Doumour au Caire (xve siècle).

Pl. LXI. — Plan et aspect perspectif des stalactites surmontant l'entrée.

Pl. LXII. — Entrée de la mosquée avec pan coupé. Le linteau et l'œil-de-bœuf sont appareillés en marbres blanc et noir.

Pl. LXIII. — Enfoncement latéral enfermant les baies. Plan, coupe et profils divers.

Pl. LXIV. — Plan et aspect perspectif des stalactites de l'enfoncement de la Planche LXIII. Frise d'écritures contournant l'entrée; les lettres en marbre blanc sont incrustées dans les bandes de marbre noir.

PLANCHES LXV à LXVII

Mosquée de l'émir Altoûn Boghâ-el-Merdâny au Caire (xive siècle, 1338).

Pl. LXV. — Façade de l'entrée au fond d'un enfoncement barlong.

Pl. LXVI. — *Fig.* 1. Plan des stalactites. — *Fig.* 2. Placage du linteau en marqueterie de marbres de deux tons. — *Fig.* 3 à 5. Cordons d'ornements ciselés encadrant les panneaux de la façade. — *Fig.* 6. Claveaux de l'arc de décharge. — *Fig* 7. Console du linteau.

Pl. LXVII. — Élévation, plan des stalactites et détails d'une seconde entrée. La rosace est incrustée de faïences bleu lapis, vert d'eau et blanc, se découpant en fleurons et en écritures.

PLANCHE LXVIII

Linteau et arc de décharge de la mosquée, aujourd'hui ruinée, de

Soultân Baïbars (XIIIe siècle). La partie inférieure est enfouie sous les décombres.

La *figure* 2 est tirée de l'okel-es-Saboûn (XIVe siècle).

PLANCHE LXIX

Du tombeau de l'émir Ak-Sonkor (XIVe siècle). Arc de décharge surmontant le linteau de la fenêtre et claire-voie découpée d'ornements au-dessus. Coupe et détails divers des retombées des voussures unies de l'enfoncement. On remarquera le remplissage de l'arc de décharge, où un croissant renversé est découpé et détaché profond. Le linteau, caché par des boutiques, ne laisse voir qu'un angle de la nappe d'entrelacs qui en couvre la surface.

PLANCHE LXX

Entrée d'un okel de la rue des Soudaniens, proche la mosquée El-Azhar, au Caire (XVe siècle).

Ensemble de la porte. Console taillée de stalactites du linteau. Profil du chambranle.

PLANCHE LXXI

Tympan d'une porte d'entrée au Caire (XVIe siècle). Au-dessus du linteau, de chaque côté de la lucarne, panneaux d'écritures en coufique carré et, par-dessus, inscription en caractères nesky.

PLANCHE LXXII

Entrée d'une mosquée au Caire avec pan coupé. Plans des stalactites surmontant l'entrée. Plan, aspect perspectif et profil des stalactites du pan coupé.

PLANCHE LXXIII

Aspect perspectif de l'angle d'un sébyl (fontaine) du Caire (xve siècle). Pan coupé et consoles.

PLANCHE LXXIV

Pans coupés. — *Fig.* 1 à 4 de Damas. — *Fig.* 5 et 6 du Caire.

PLANCHE LXXV

Cinq pans coupés du Caire (xve et xvie siècles).

PLANCHE LXXVI

Deux pans coupés du Caire. Plan et aspects divers.

PLANCHE LXXVII

Consoles, plan des stalactites et détails de menuiserie du Caire (xve siècle). — *Fig.* 2 à 4, détails de la *figure* 1. — *Fig.* 5. Panneau de menuiserie et profil des bois appliqués. — *Fig.* 6. Détail du panneau ajouré en petits bois tournés.

PLANCHE LXXVIII

Encorbellement d'une loggia aujourd'hui démolie, au Caire (xve siècle). Détails des stalactites et profils des consoles.

PLANCHE LXXIX

Consoles diverses du Caire et de Boulaq son faubourg. Le pan coupé X vient en X au-dessous de la console.

PLANCHE LXXX

Pan coupé avec encorbellements latéraux et frise en menuiserie. Trois autres consoles du même encorbellement.

PLANCHE LXXXI

Consoles diverses du Caire et de Boulaq, son faubourg.

PLANCHE LXXXII

Consoles diverses du Caire dont deux avec culots en stalactites et leurs plans.

PLANCHE LXXXIII

Consoles du sebil de Kaït-Bây, d'Om-es-Soultân Chabân au milieu et de l'Okel Soultân-el-Achraf Barsbay au Caire (xɪvᵉ, xvᵉ siècles).

PLANCHE LXXXIV

Arcatures à voussures de moulins faisant de blé farine au Caire (xvᵉ siècle).

PLANCHES LXXXV à LXXXVIII

Koubbé du cimetière du grand Kérafat, où sont les tombeaux des sultans mamlouks, dénommés les « Tombeaux des Kalifes » au Caire (xve siècle).

Pl. LXXXV. — Élévation géométrale de la Koubbé, qui se compose de trois parties :

1° La Cuba quadrangulaire avec enfoncements renfermant les fenêtres et la porte sur les faces. Ces enfoncements se terminent au bas par un glacis taillé dans une assise et dans le haut par un couronnement de stalactites taillées dans trois assises. La corniche, qui devait être surmontée d'une crête analogue à celle de la Planche LXXXIX, se compose d'une assise taillée de stalactites, d'une assise unie et finalement d'une assise moulurée.

2° L'Embasement percé d'arcatures sur les quatre faces et déclinant par des glacis qui multiplient les arêtes depuis le plan carré de la base inférieure jusqu'au plan dodécagonal de la base supérieure, se terminant en outre par une corniche de trois assises de stalactites, formant couronnement.

3° La Coupole qui se subdivise en trois régions : le *tambour* percé de baies allongées et terminées par un arc en plein cintre; au-dessus d'abord une frise d'écritures, puis le surhaussement de la coupole composé de six ou sept assises; la *coupole* hémisphérique se terminant par un apointement ou désinence conique et recevant à son sommet, un balustre de bronze surmonté d'un croissant.

Pl. LXXXVI. — Plan de la cuba avec ses baies et sa kiblé.

Fig. 2. Signage, tracé ou trait d'épure de la koubbé. La cote de dimension étant choisie à volonté et le carré, soit intérieur, soit extérieur de la cuba étant tracé en conséquence, la différence entre le demi-côté de ce carré et sa demi-diagonale détermine l'épaisseur du mur. Ces trois données fondamentales sont déterminées graphiquement par l'octogone étoilé formé de deux carrés entrelacés d'équerre et inscrits dans une même circonférence. La figure en lignes pleines est le signage de l'embasement : l'espace circulaire au centre étant gironné ou subdivisé en vingt-quatre parties égales, on mène, sur la circonférence inscrite au carré, les diagonales de quatre en quatre divisions, on a ainsi un dodécagone inscrit et les projections horizontales des glacis, savoir : les glacis triangulaires suivant les côtés, et les glacis dièdres des angles. Les deux circonférences concentriques en lignes ponctuées sont le signage du tambour de la coupole.

Pl. LXXXVII. — *Fig.* 1. Plan de l'embasement et des stalactites intérieures. — *Fig.* 2. Plan des glacis de l'embasement et plan du tambour de la coupole avec la projection de la corniche en stalactites.

Pl. LXXXVIII. — Plan et aspect perspectif des stalactites de la coupole.

PLANCHE LXXXIX

Koubbé de l'émir Al-Tyrani au Caire (xve siècle).

Aspect des stalactites des voussures de la coupole. Aspect extérieur de la koubbé; la coupole est engravée de fleurons et incrustée de cabochons en faïence bleu turquoise. Disques ou bezants d'écritures. Deux fleurons ou merlons de la crête. Plan de l'embasement et du tambour, et plan des stalactites des voussures de la coupole.

PLANCHE XC

Koubbé ruinée au Tourab el-Imâm du petit Kerafat au Caire (xve siècle).

Partie supérieure de la koubbé; plan des stalactites de l'enfoncement de la cuba et plan des stalactites de la corniche de couronnement. Par les quatre strates successives de stalactites on passe du dodécagone de base à la circonférence qui inscrit les pointes des saillants horizontaux du couronnement.

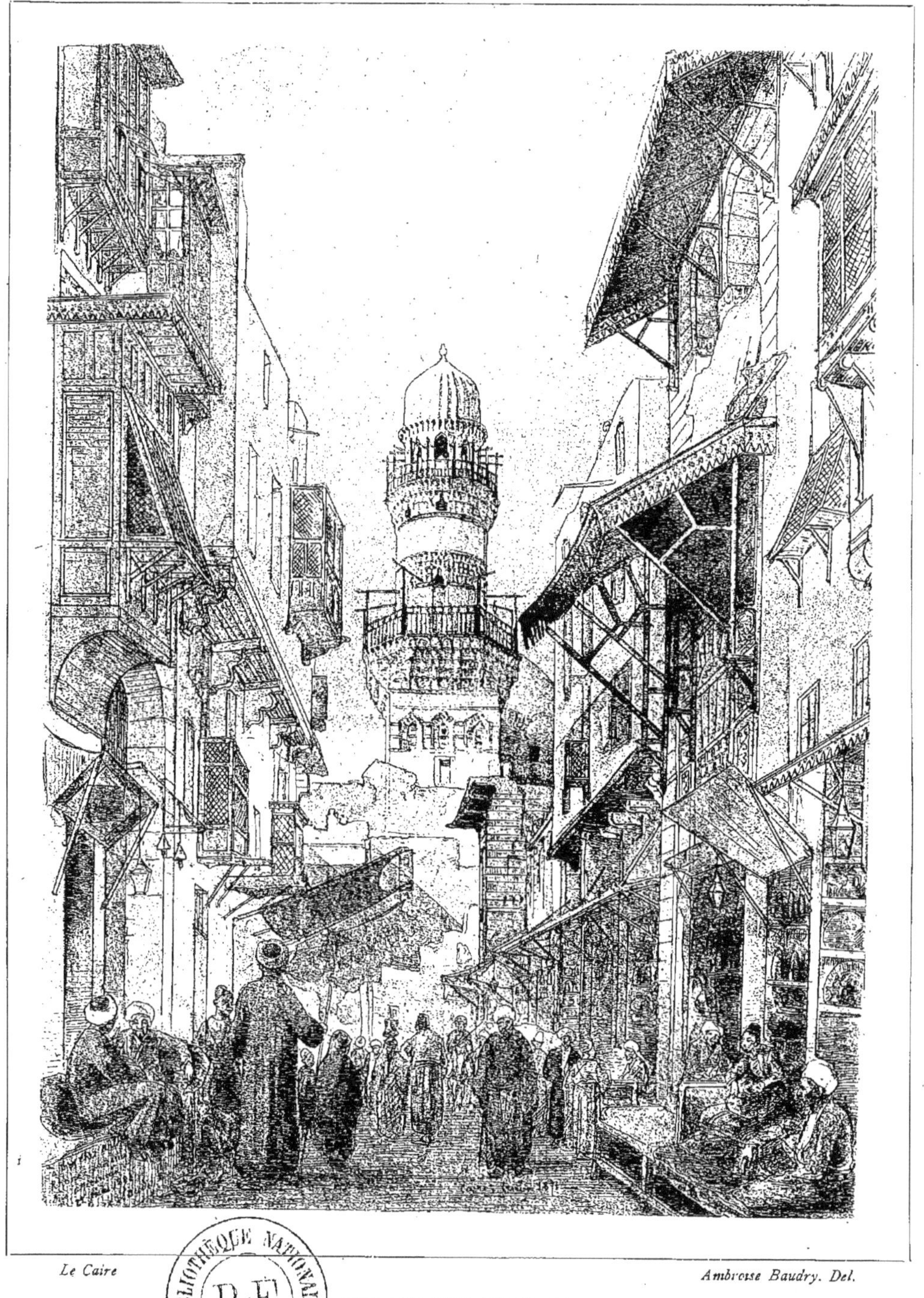

Le Caire — *Ambroise Baudry. Del.*

RUE DE BAB-EN-NASR

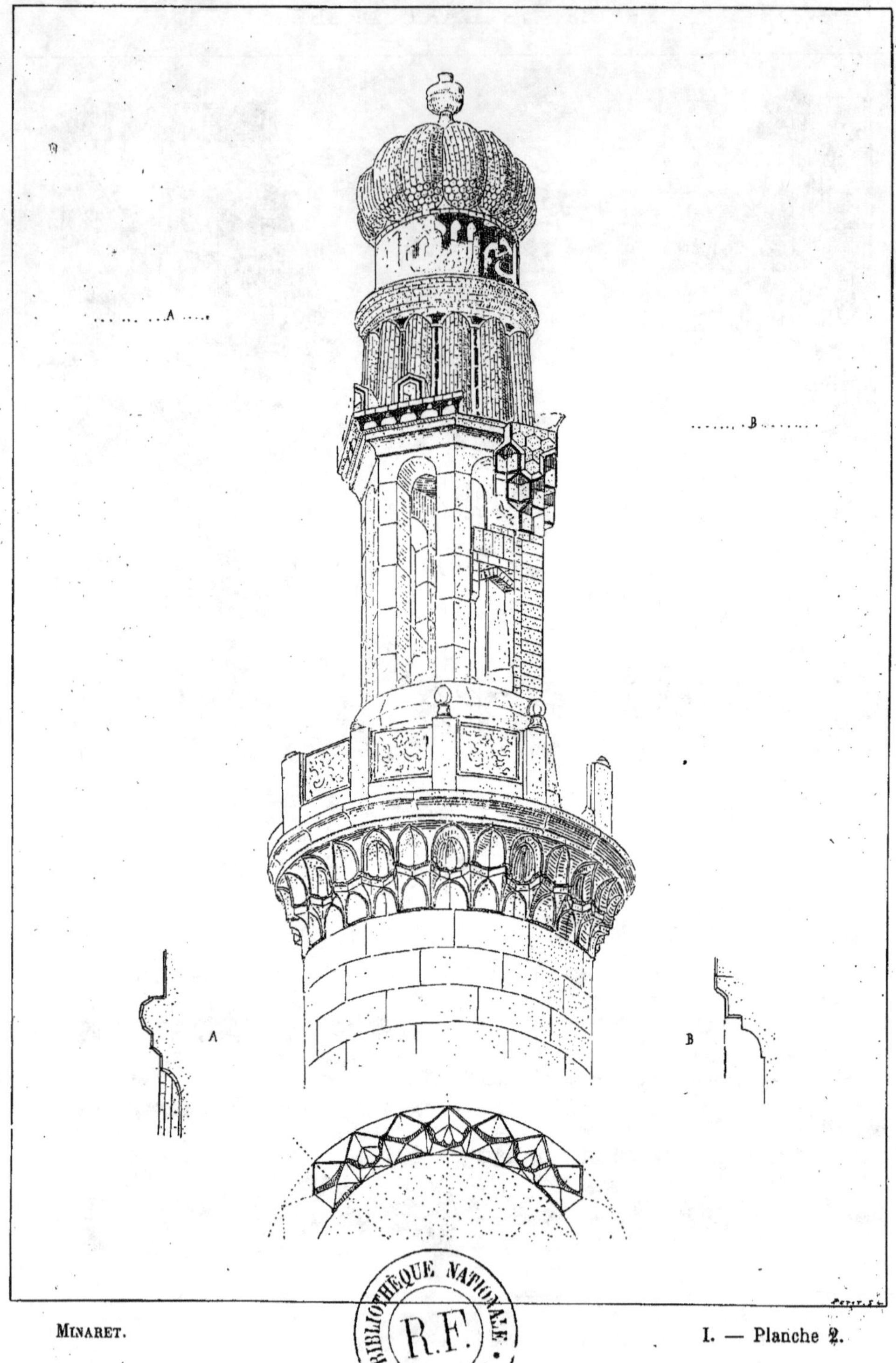

MINARET.

I. — Planche 2.

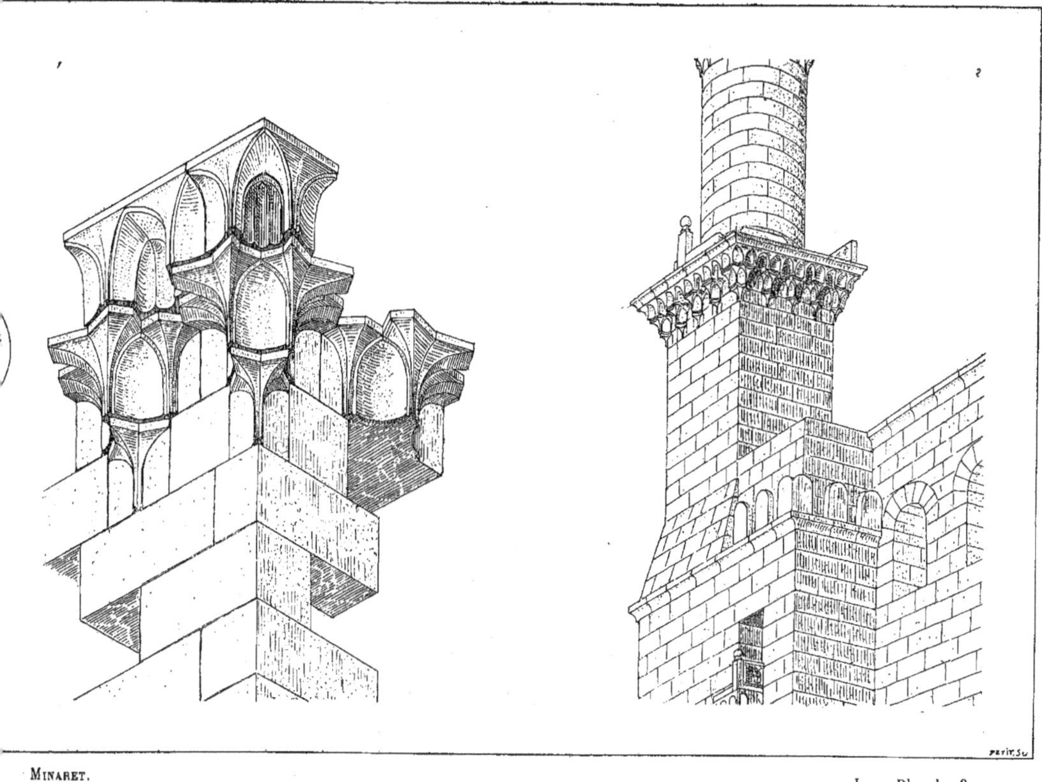

MINARET.

I. — Planche 3.

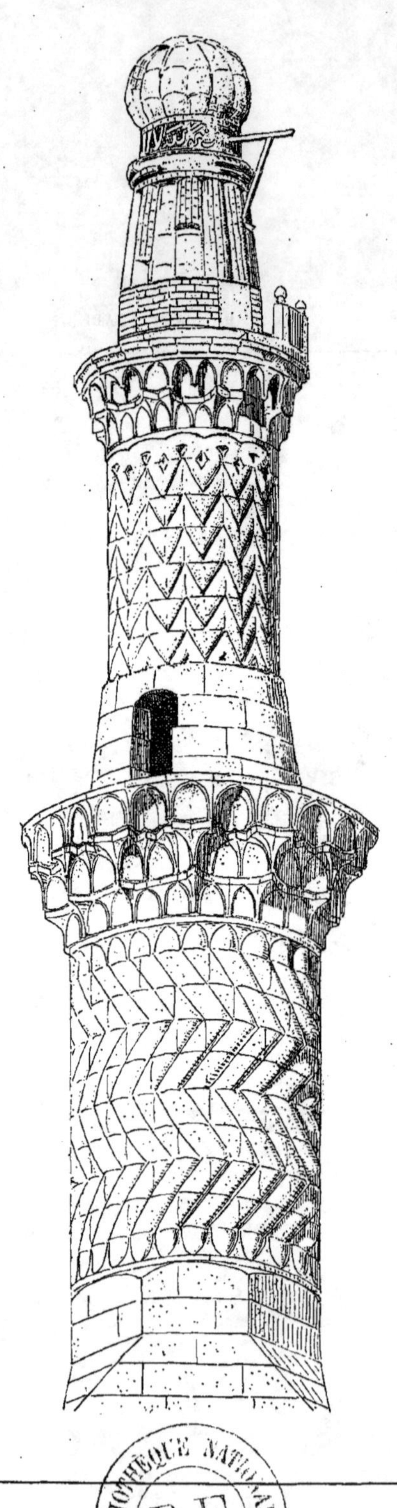

PETIT, Sc.

MINARET.

I. — Planche 4.

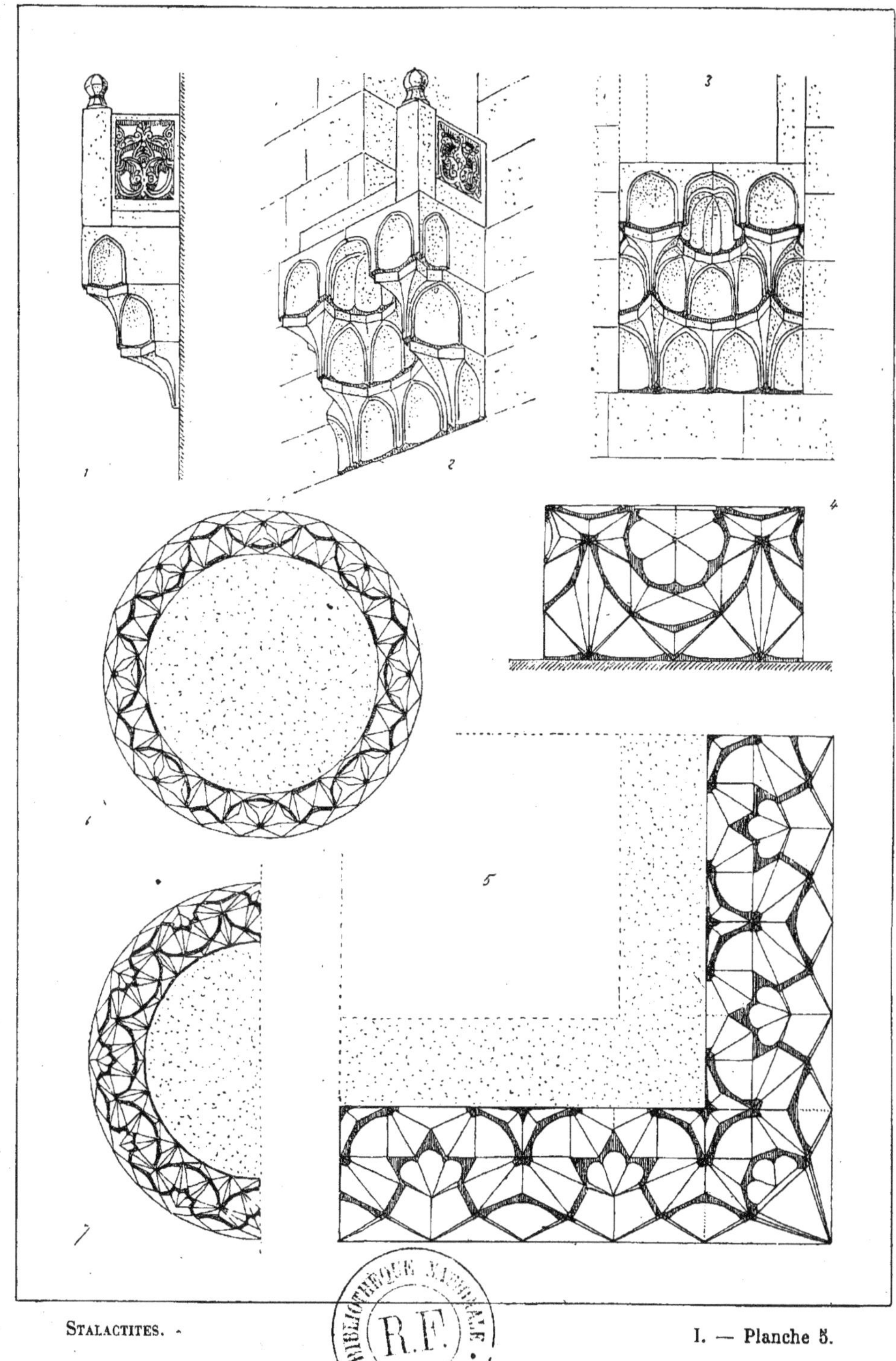

STALACTITES.

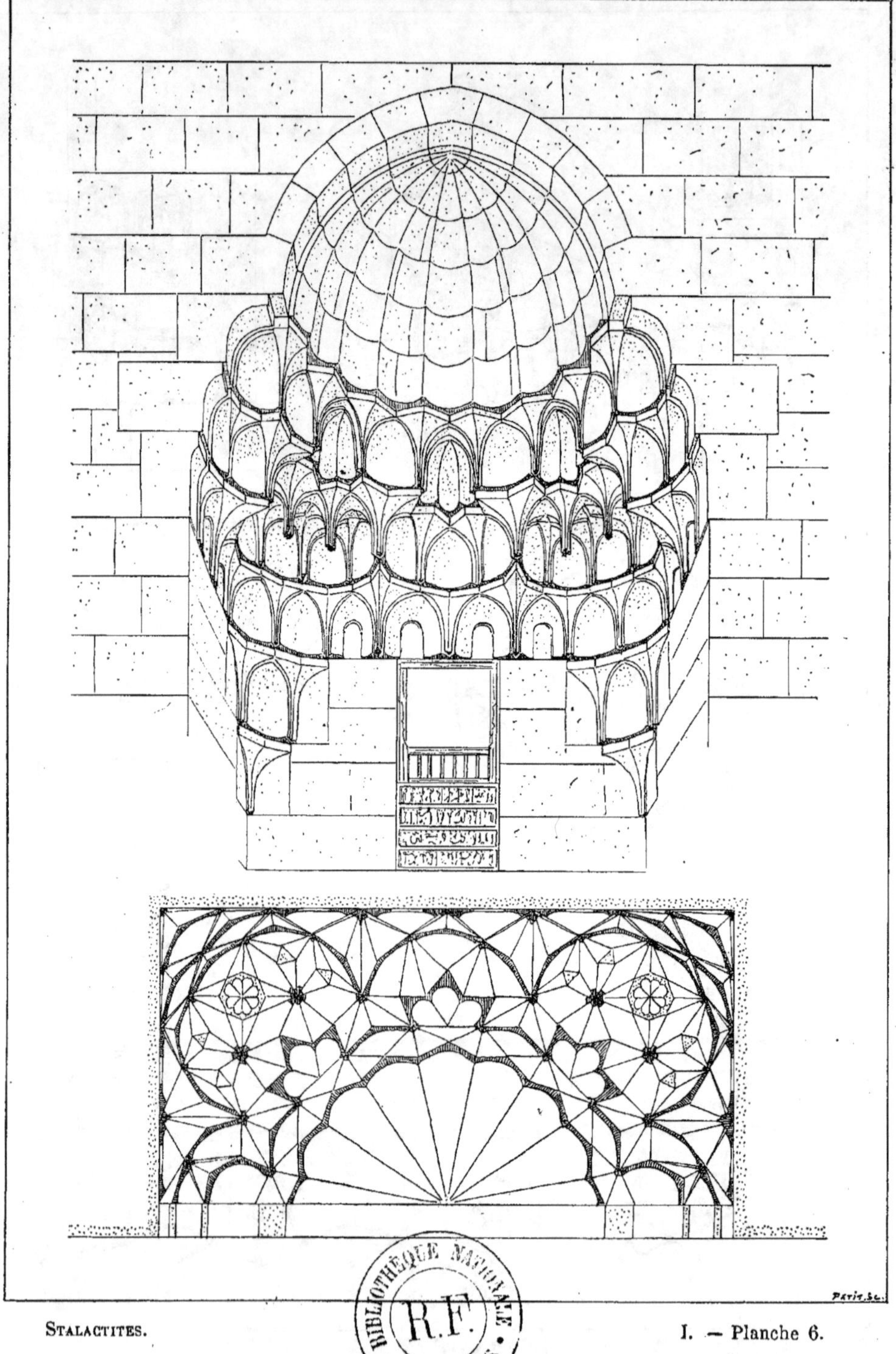

STALACTITES.

I. — Planche 6.

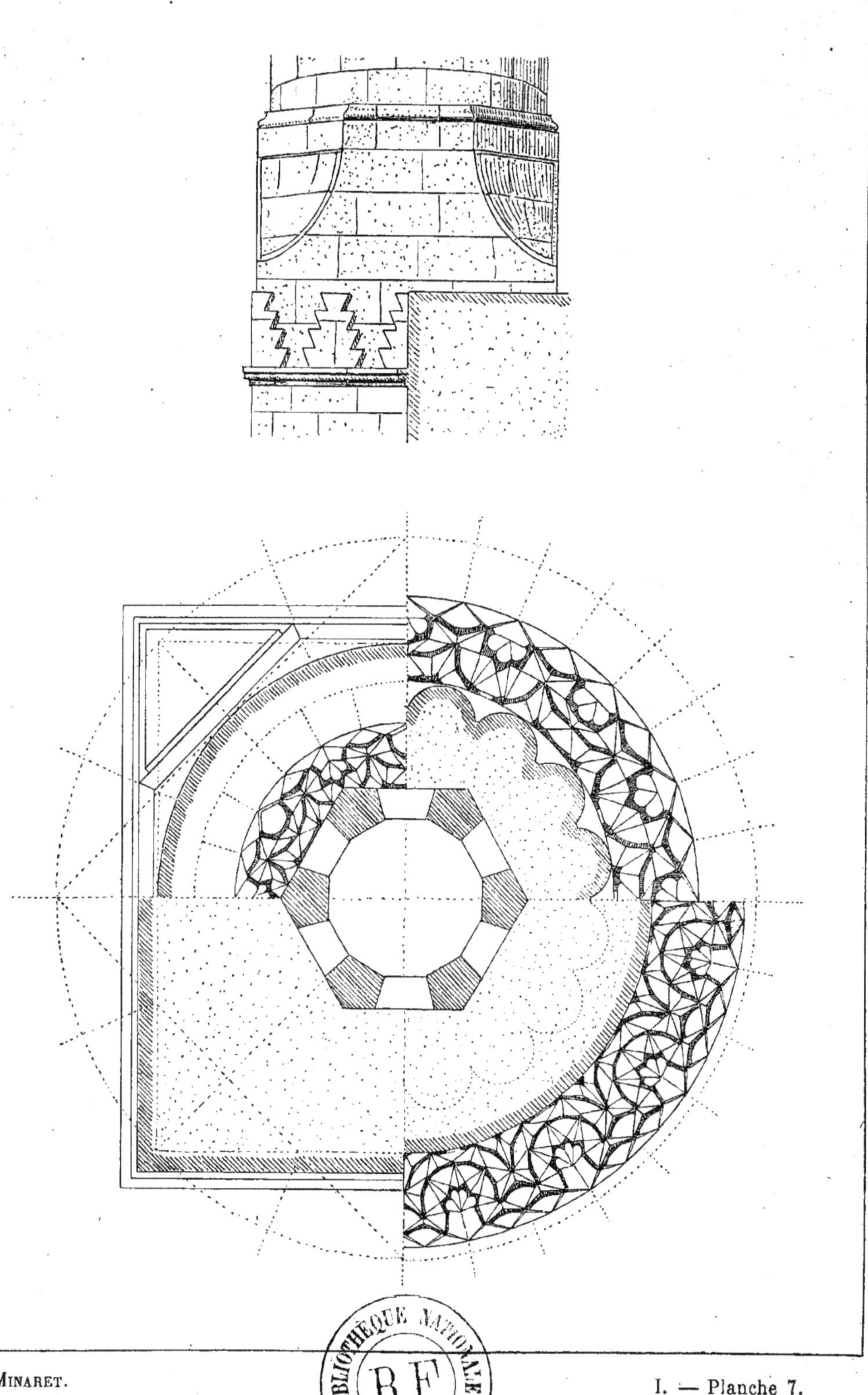

MINARET.

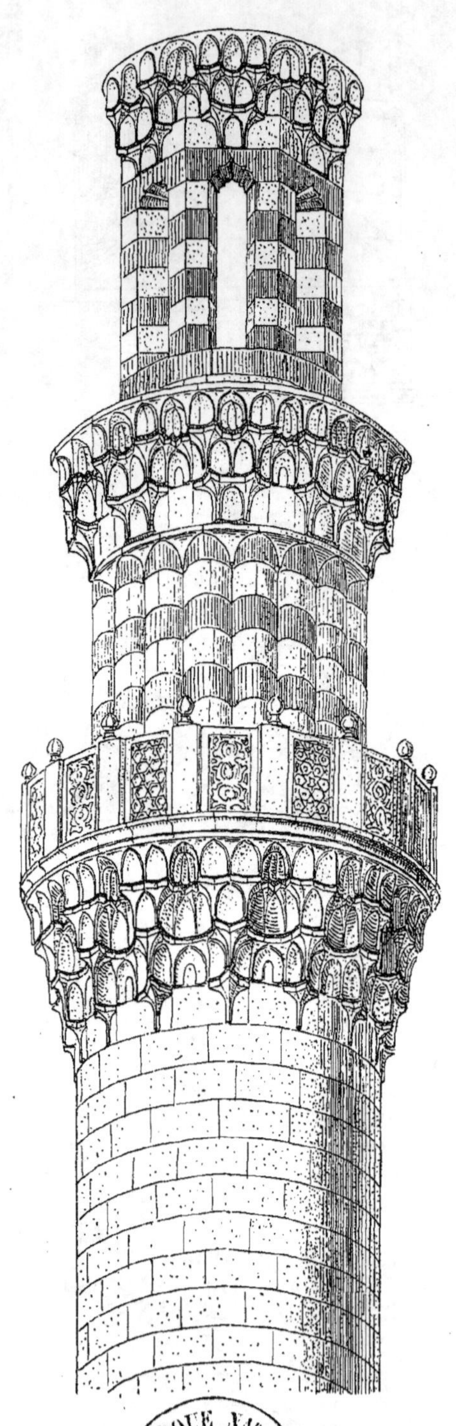

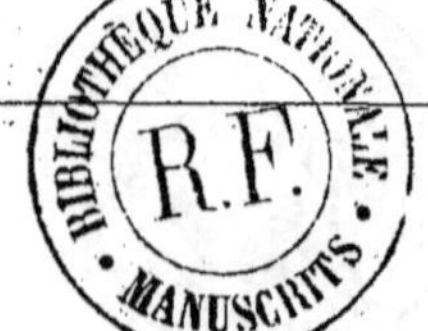

MINARET. I. — Planche 8.

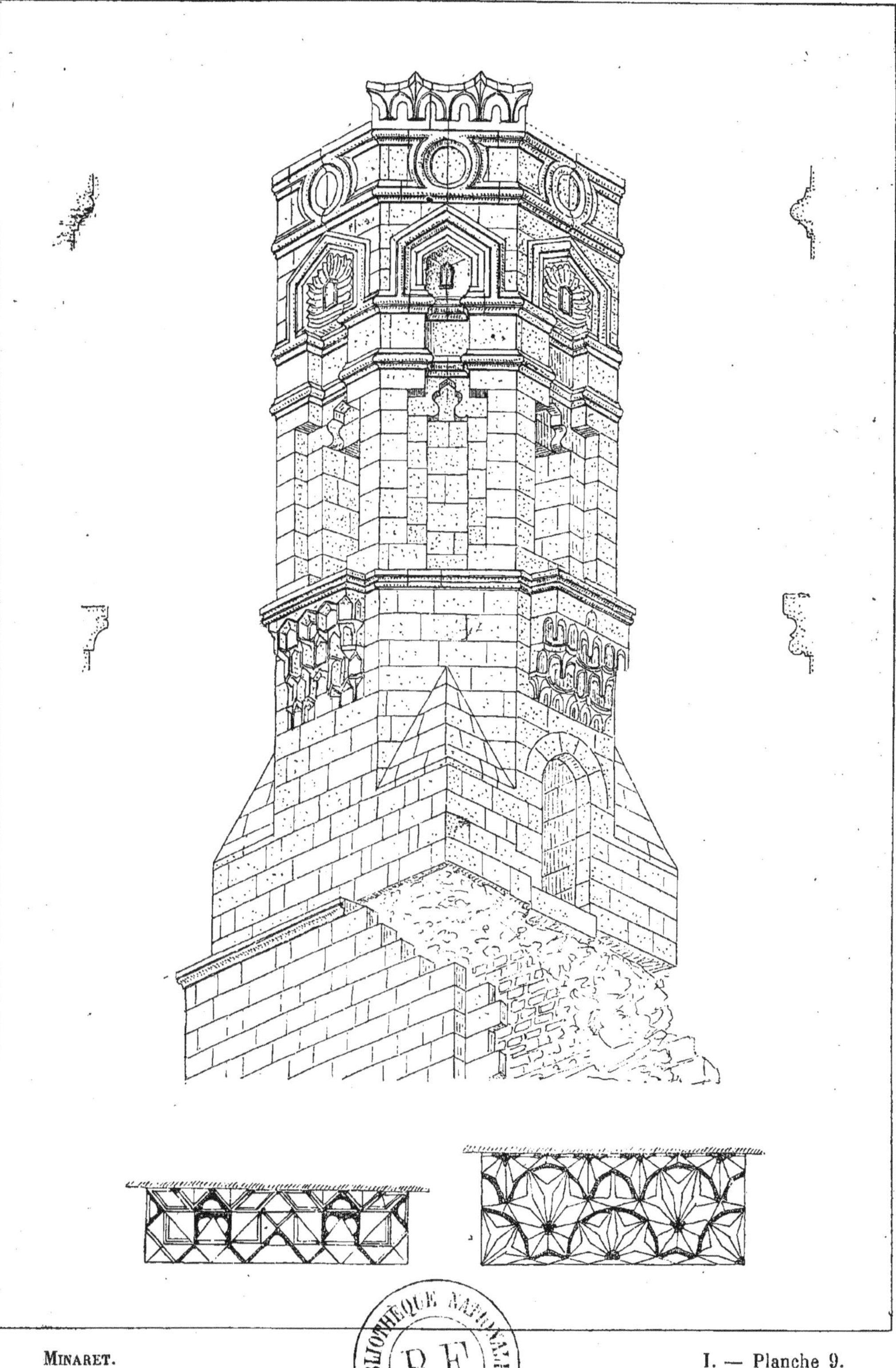

MINARET.

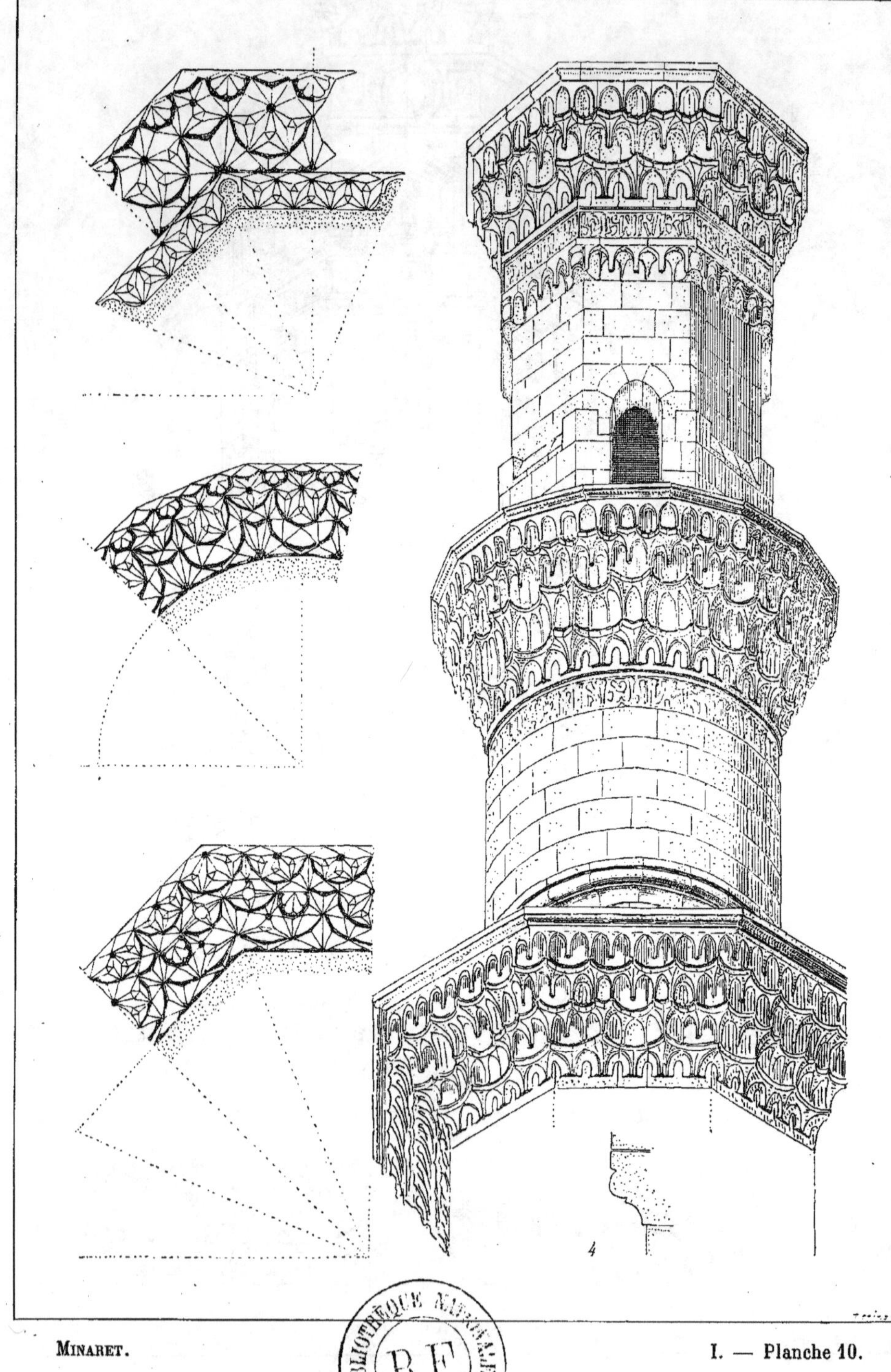

MINARET.

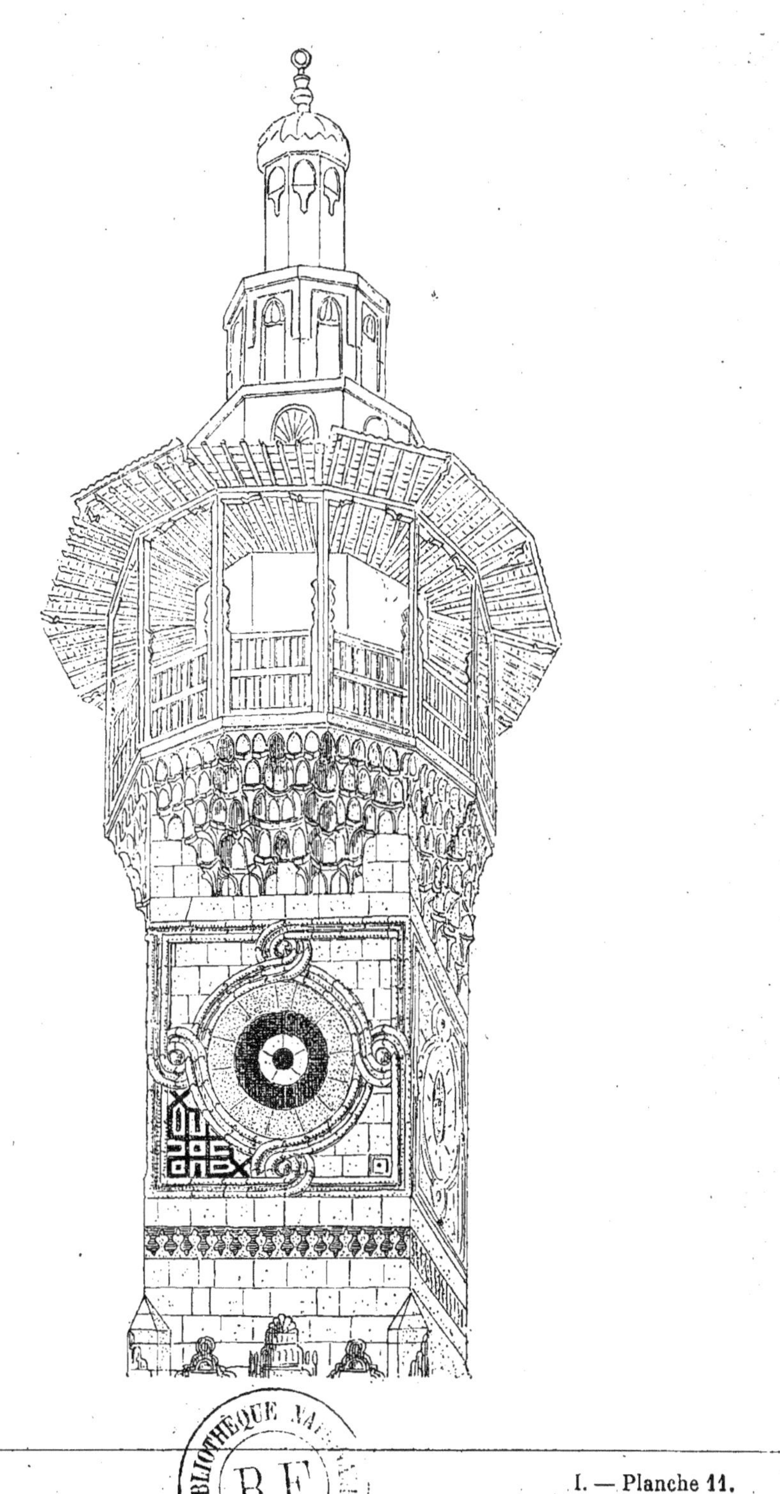

MINARET.

I. — Planche 11.

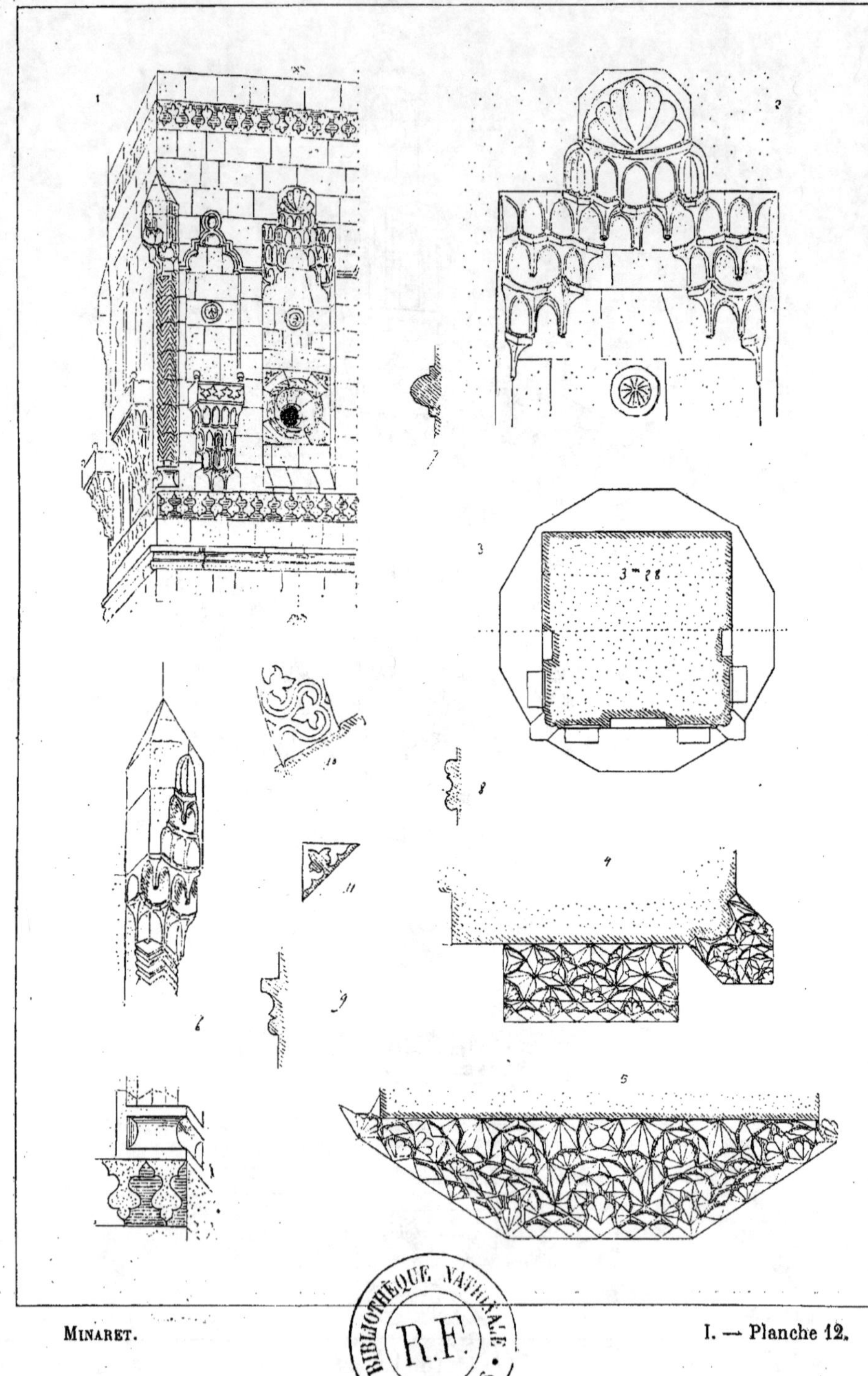

MINARET.

I. — Planche 12.

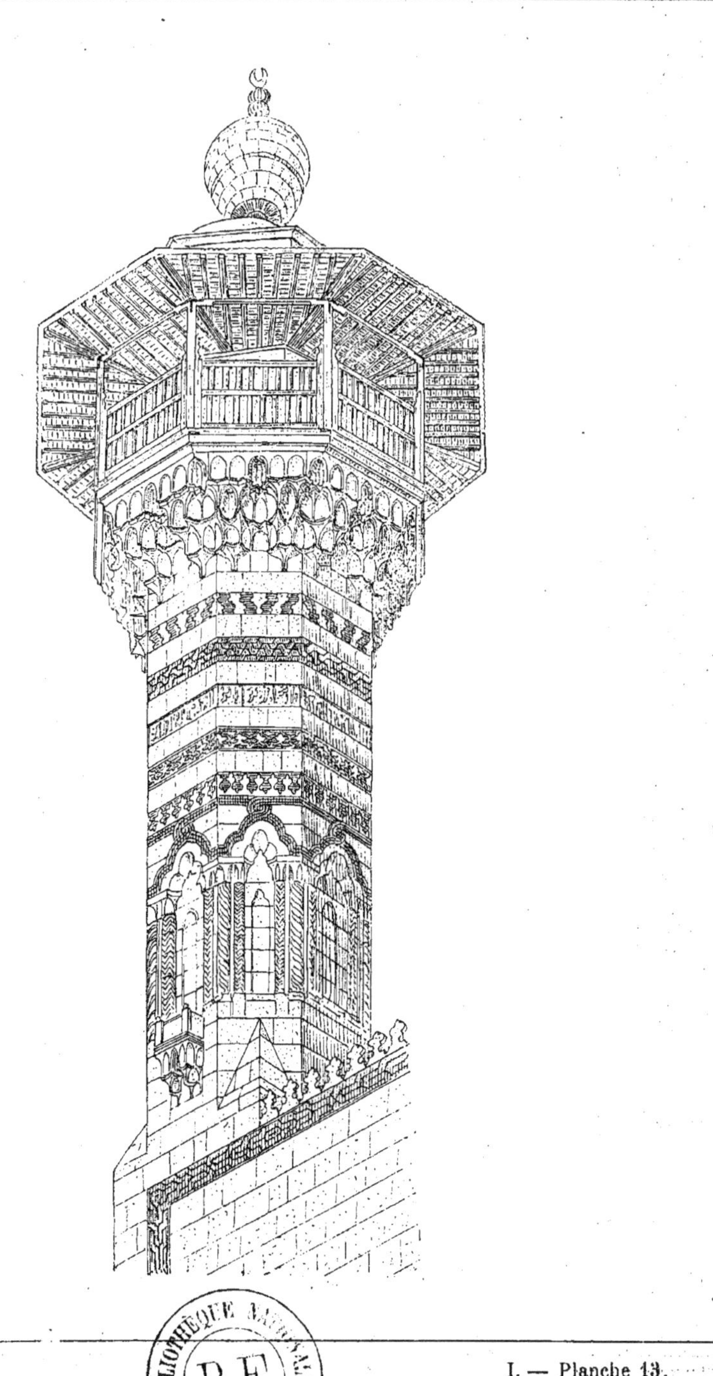

MINARET.

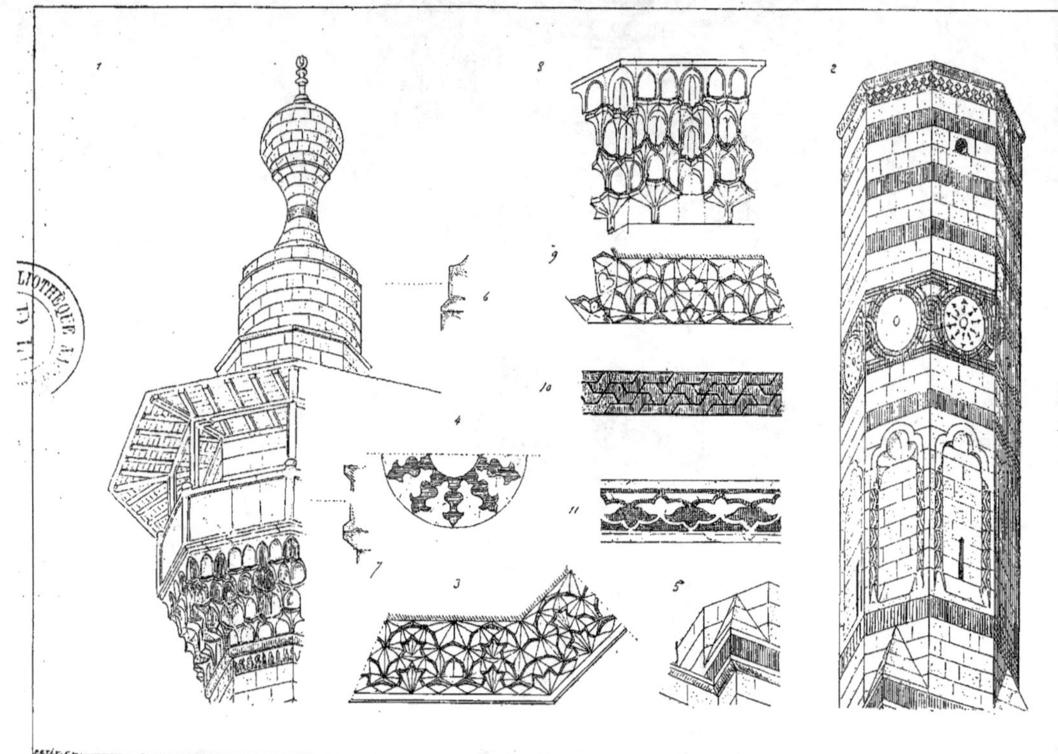

MINARET.

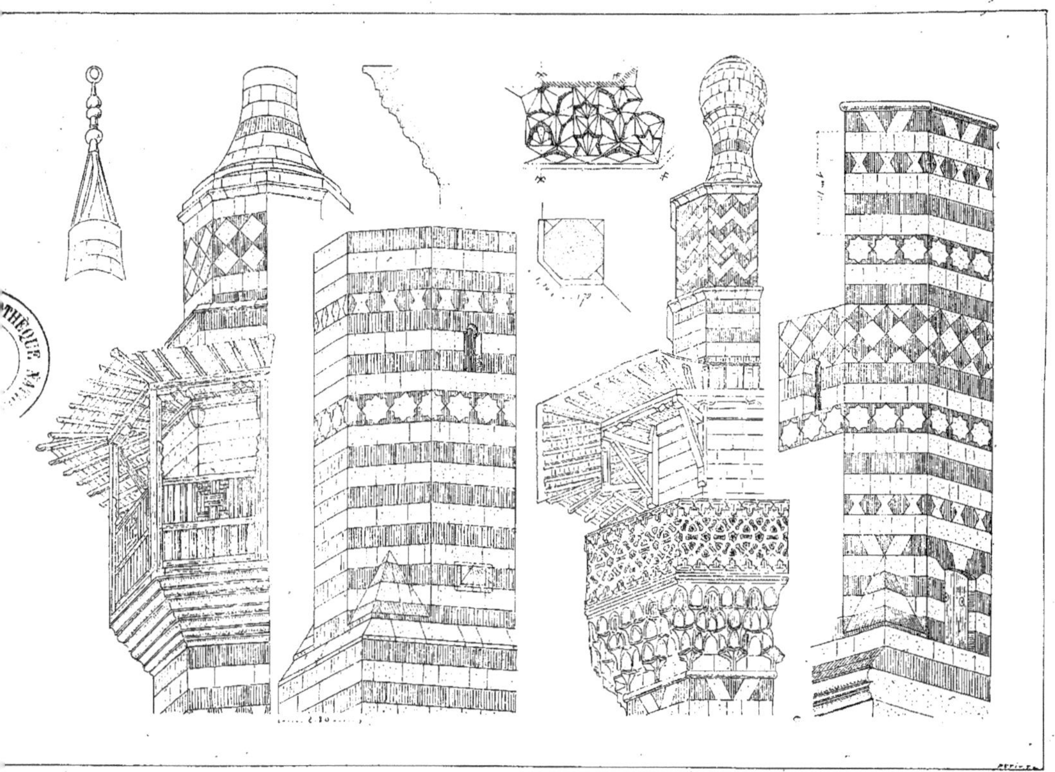

MINARETS

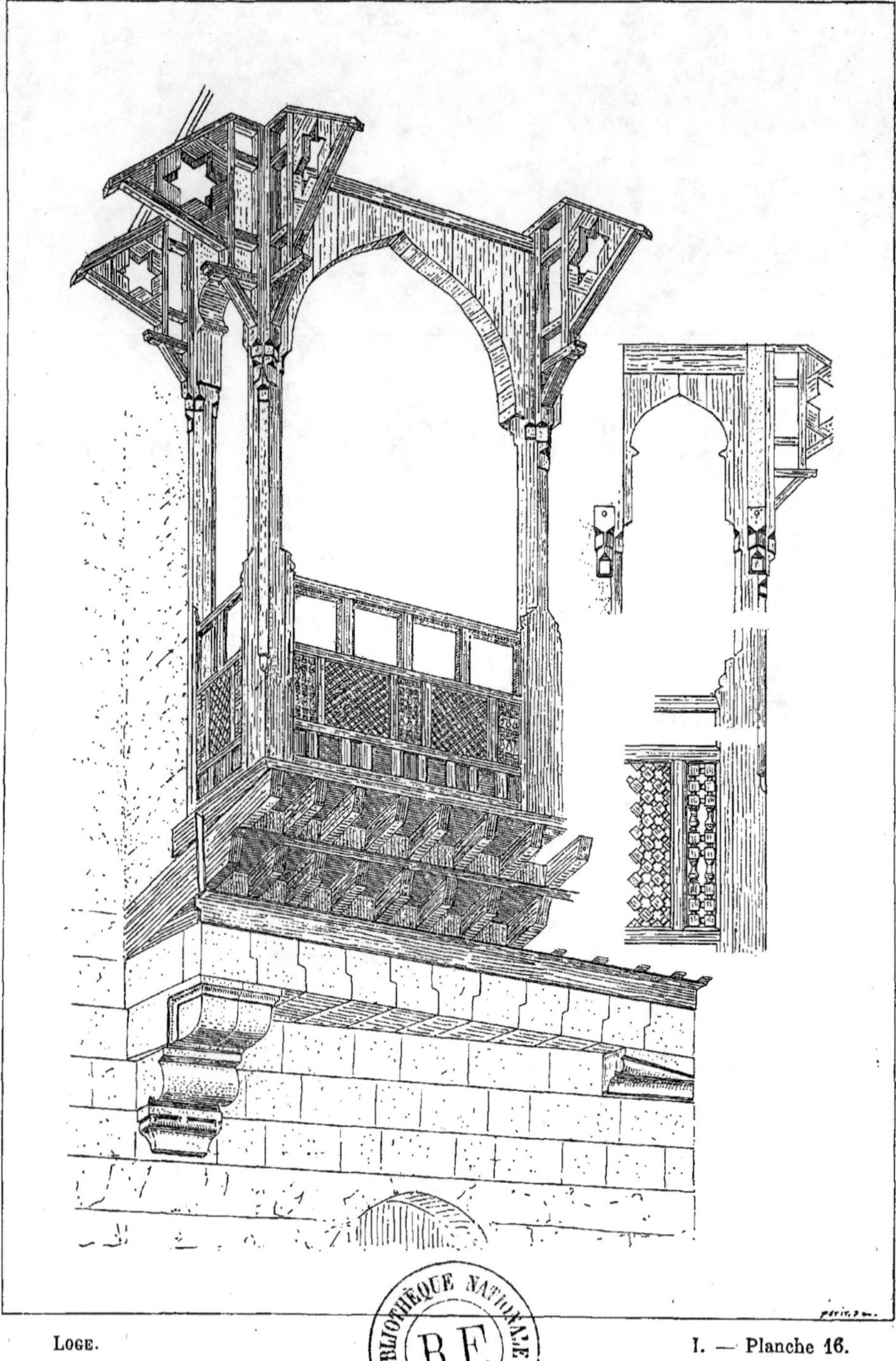

LOGE.

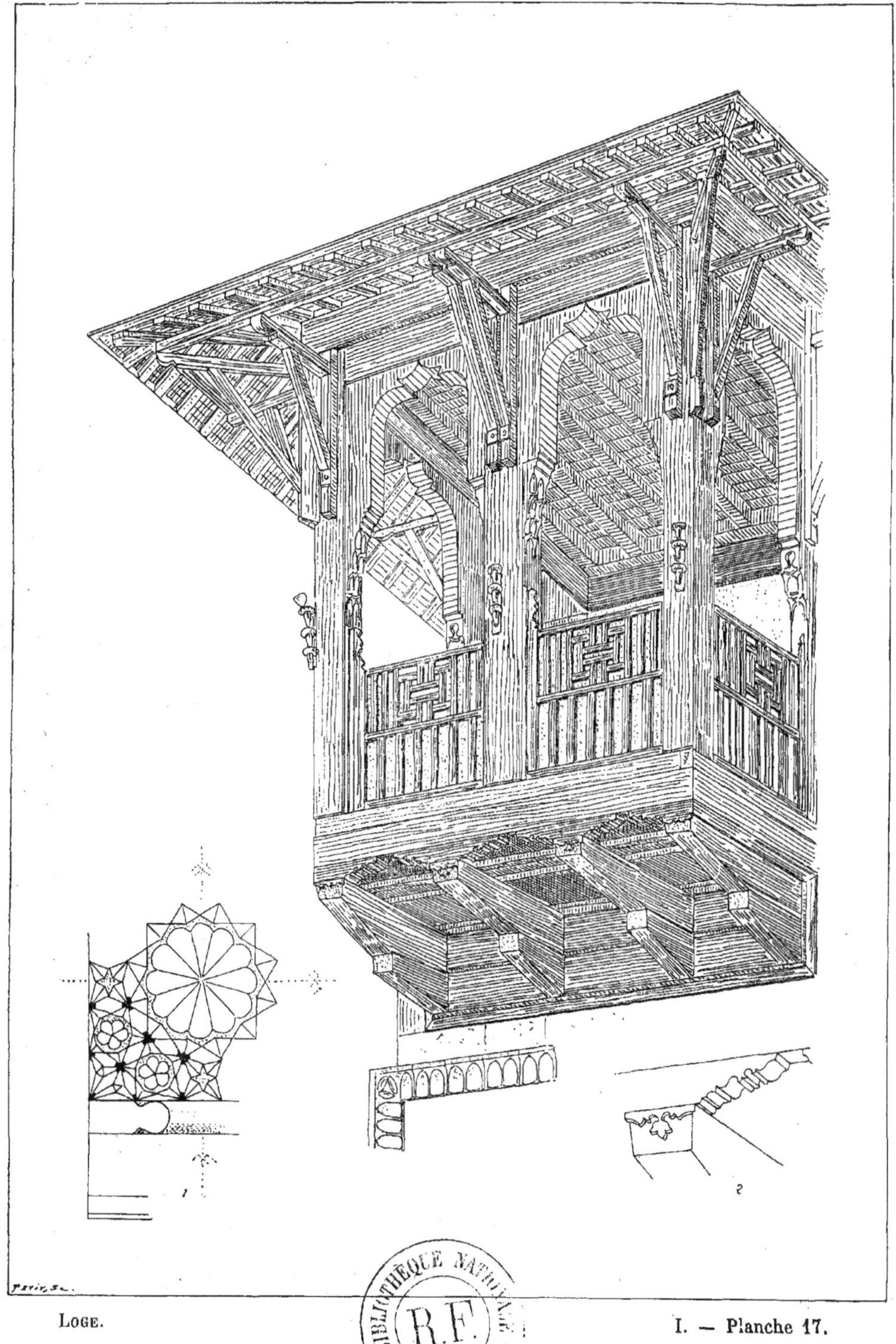

LOGE. I. — Planche 17.

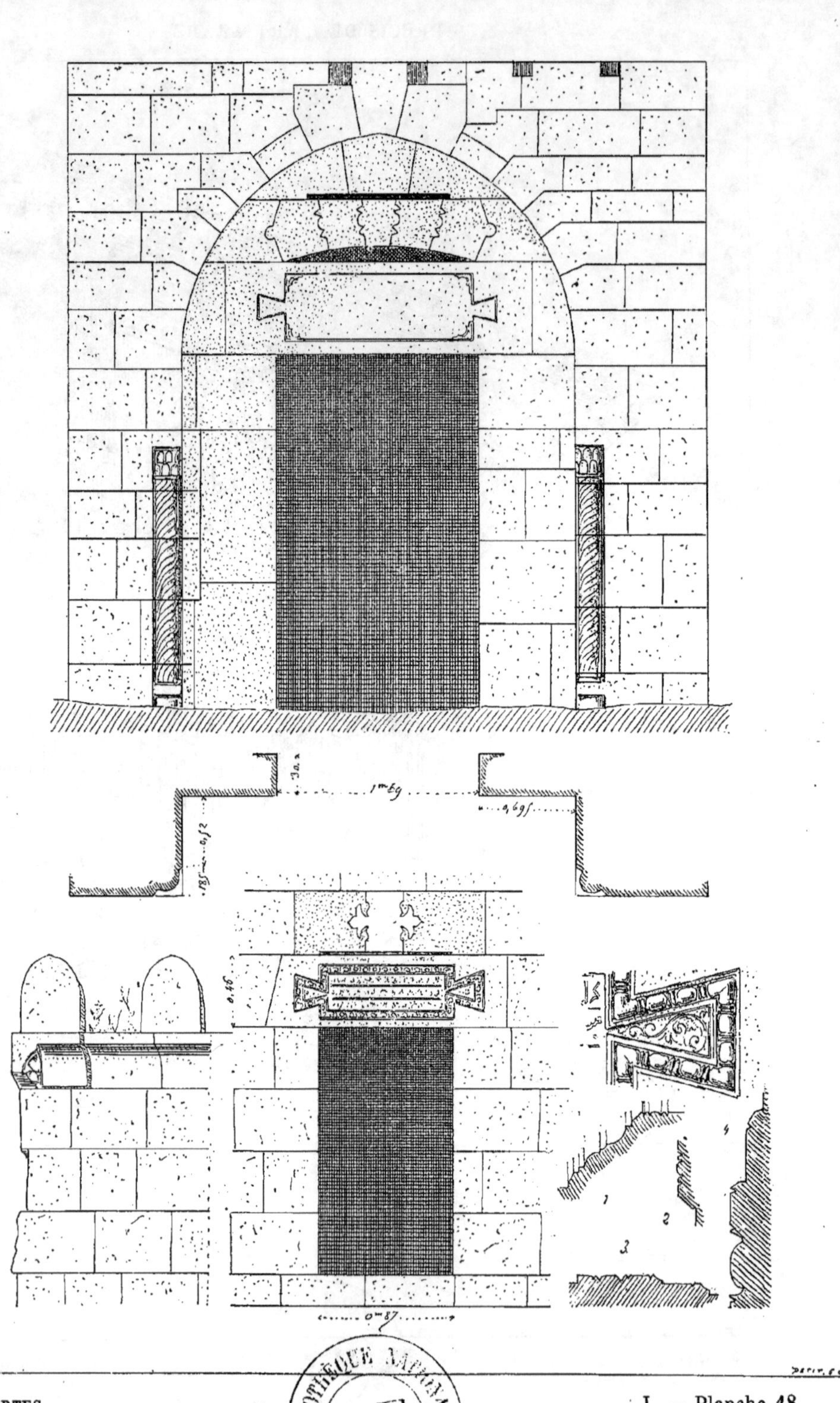

PORTES.

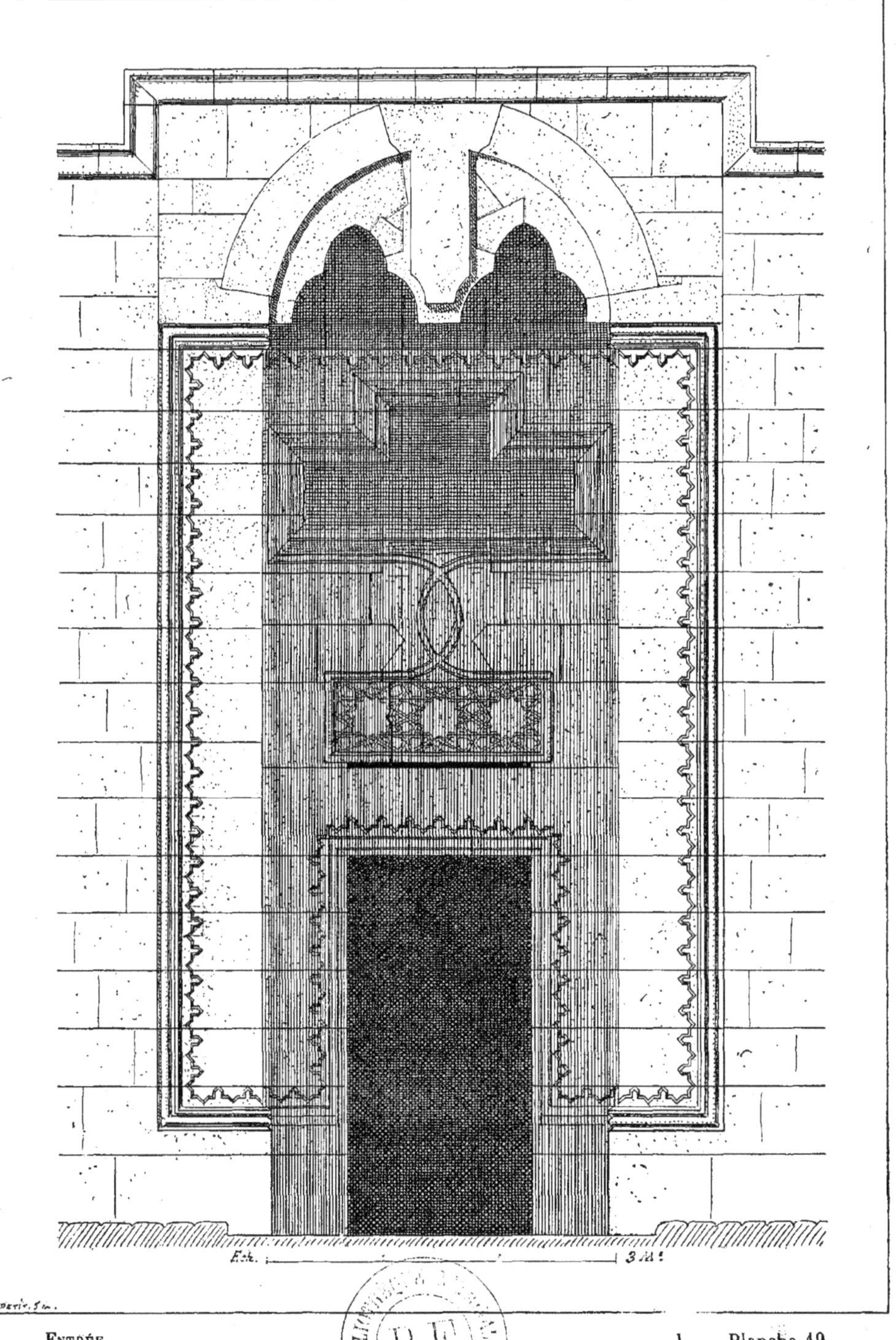

ENTRÉE.

I. — Planche 19.

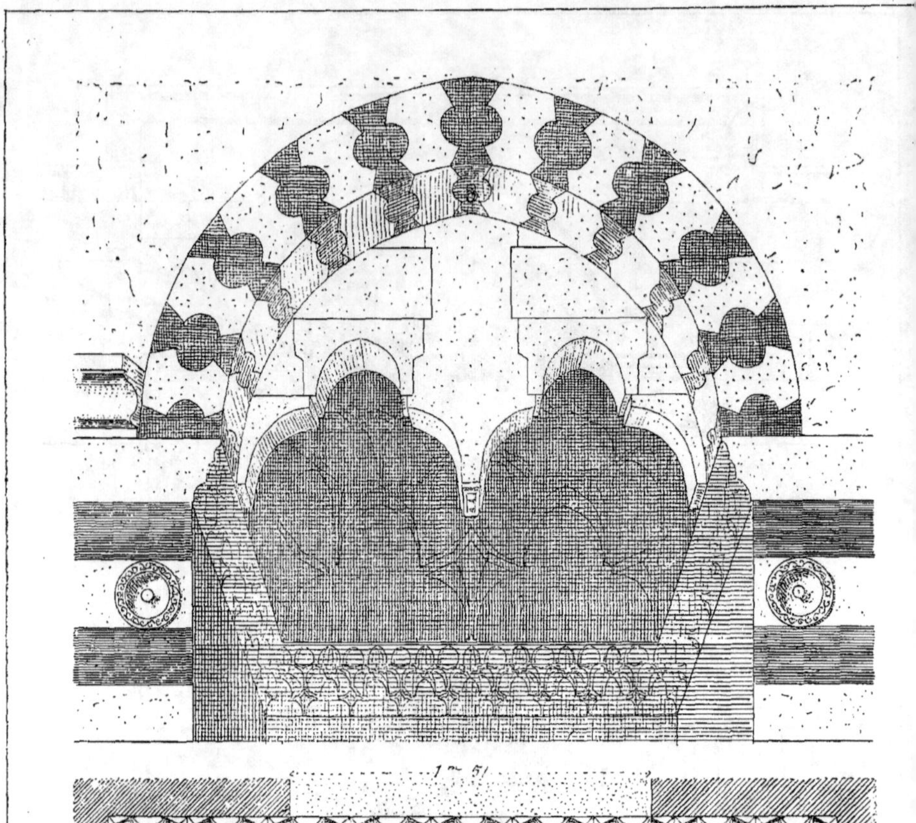

STALACTITES.

I. — Planche 20.

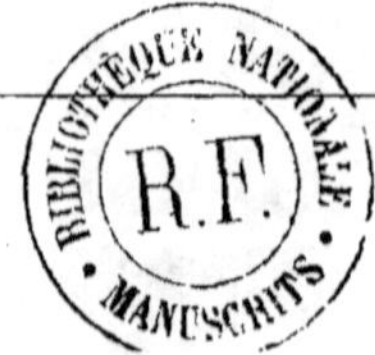

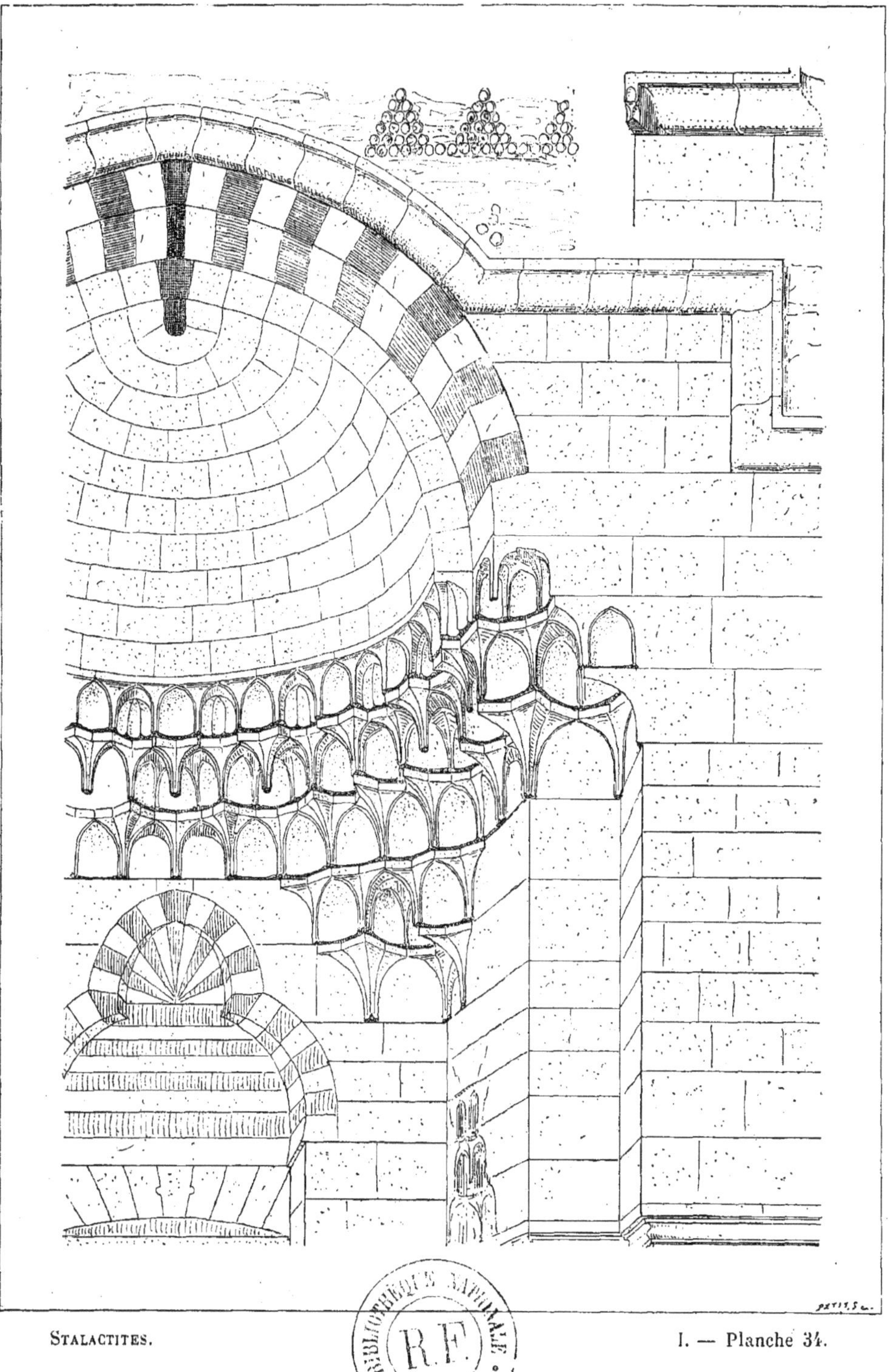

PETIT, Sc.

STALACTITES. I. — Planche 34.

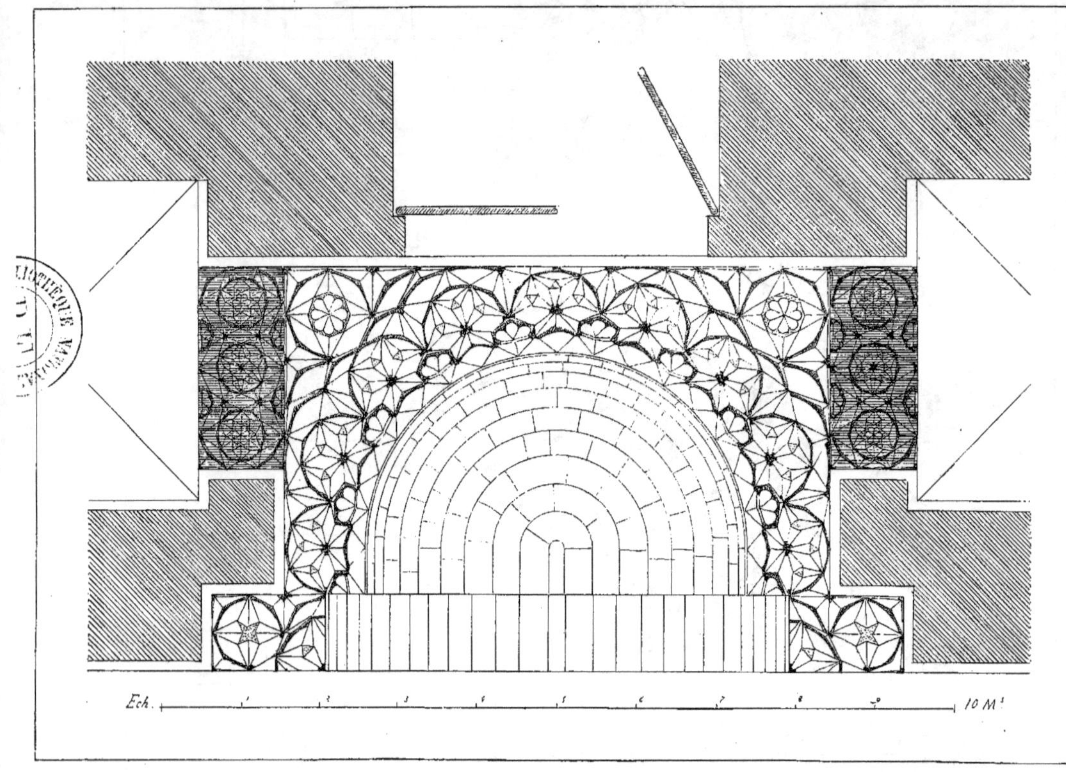

STALACTITES.

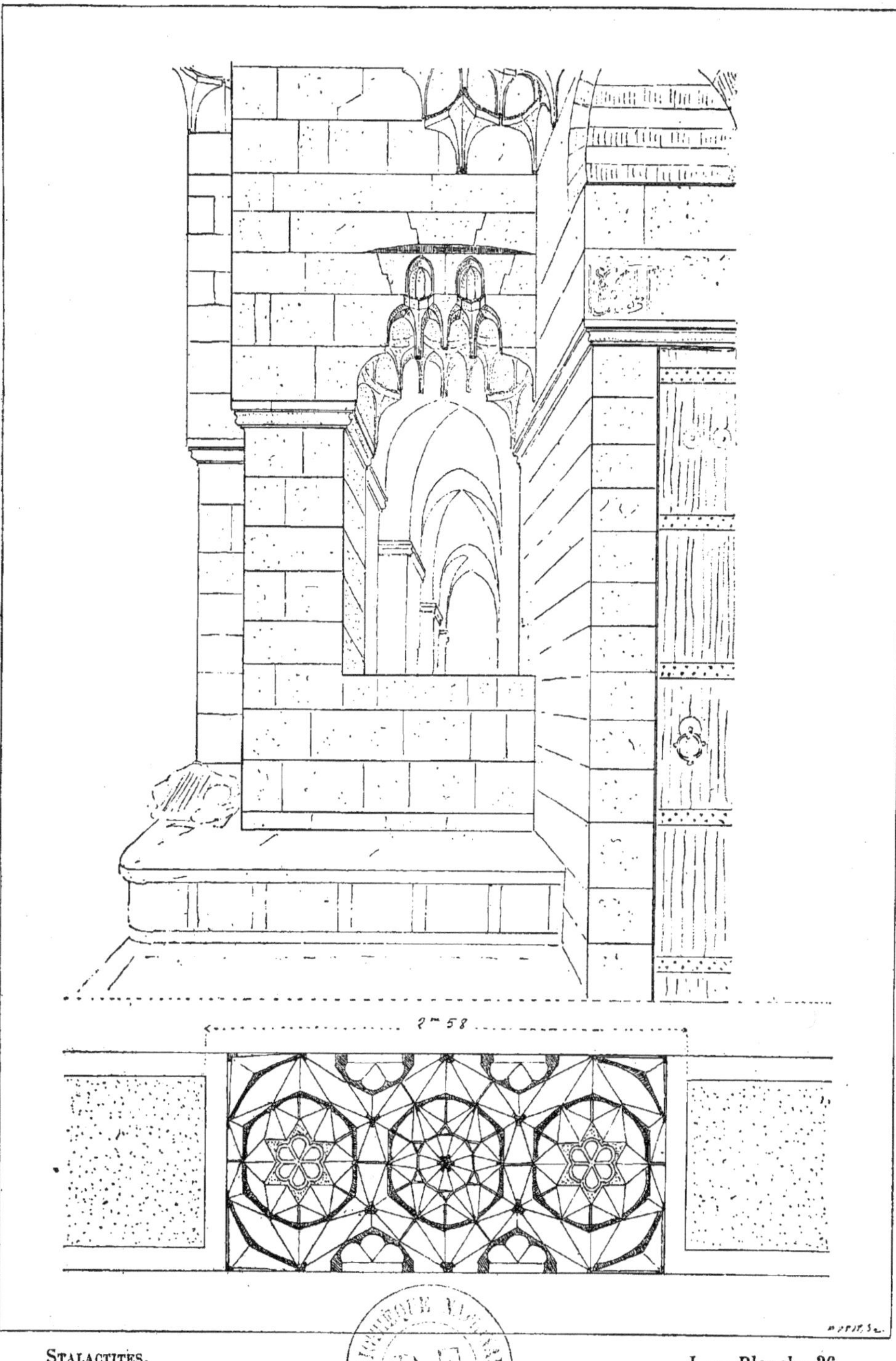

STALACTITES.

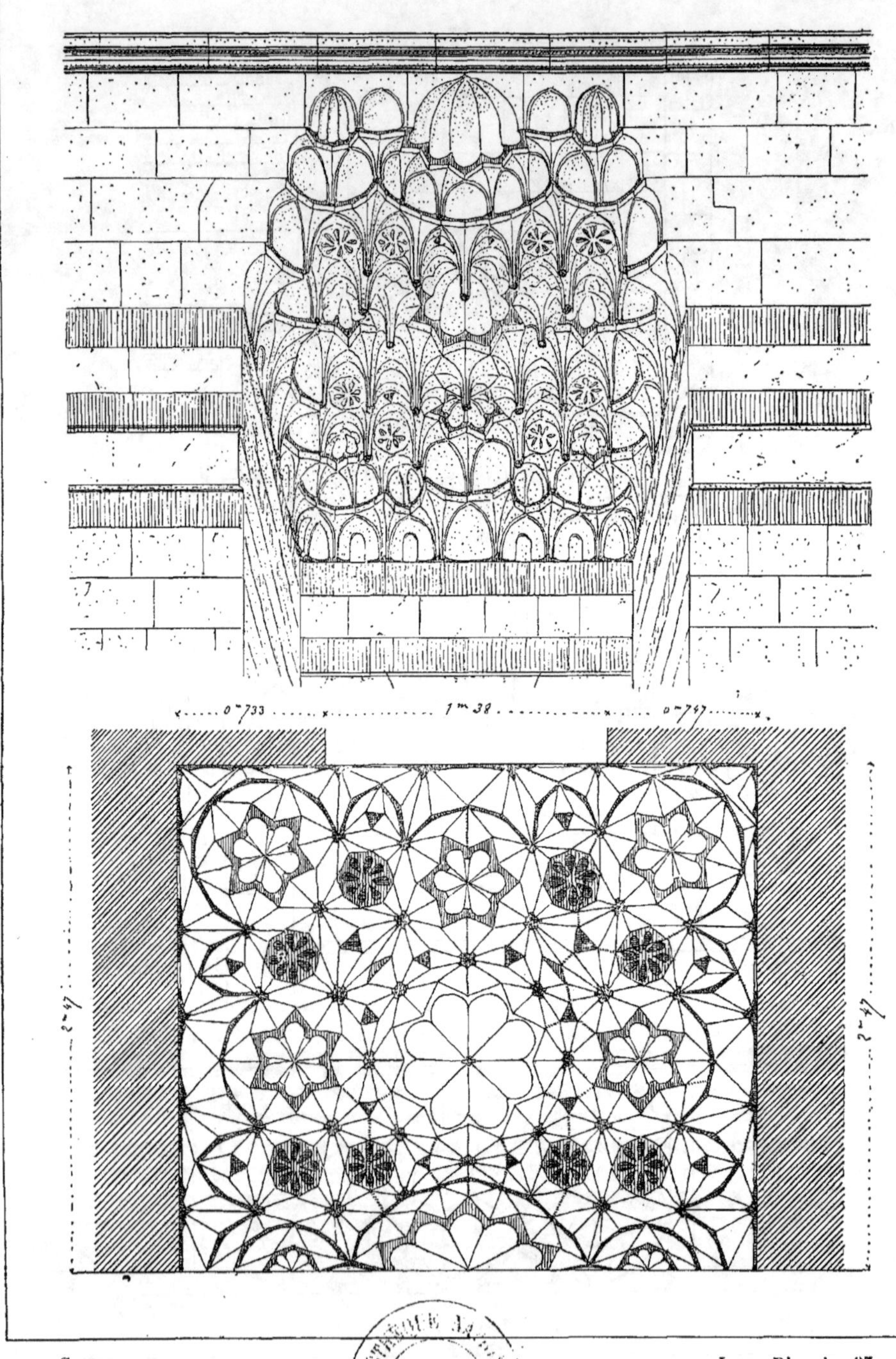

STALACTITES.

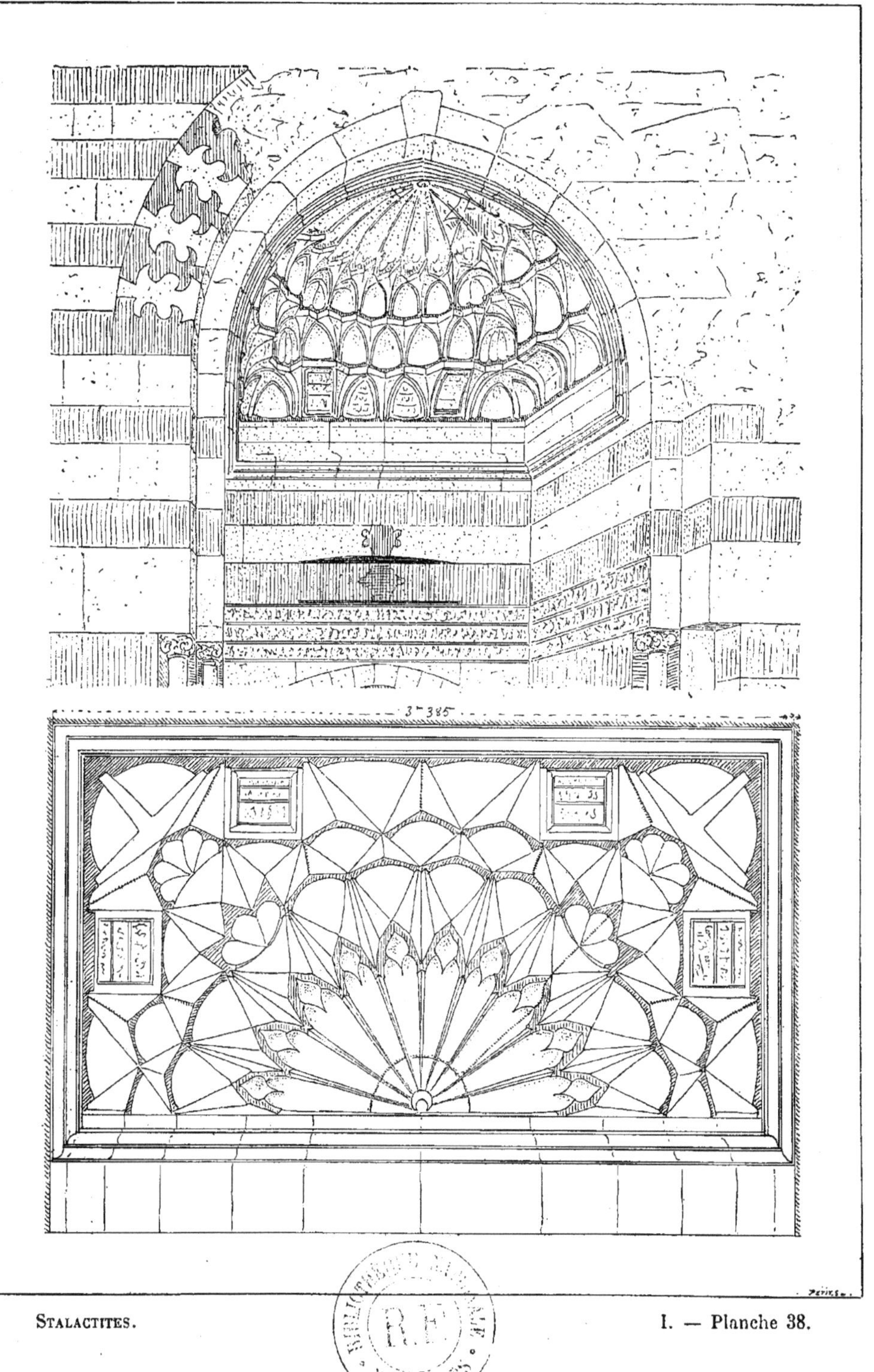

STALACTITES.

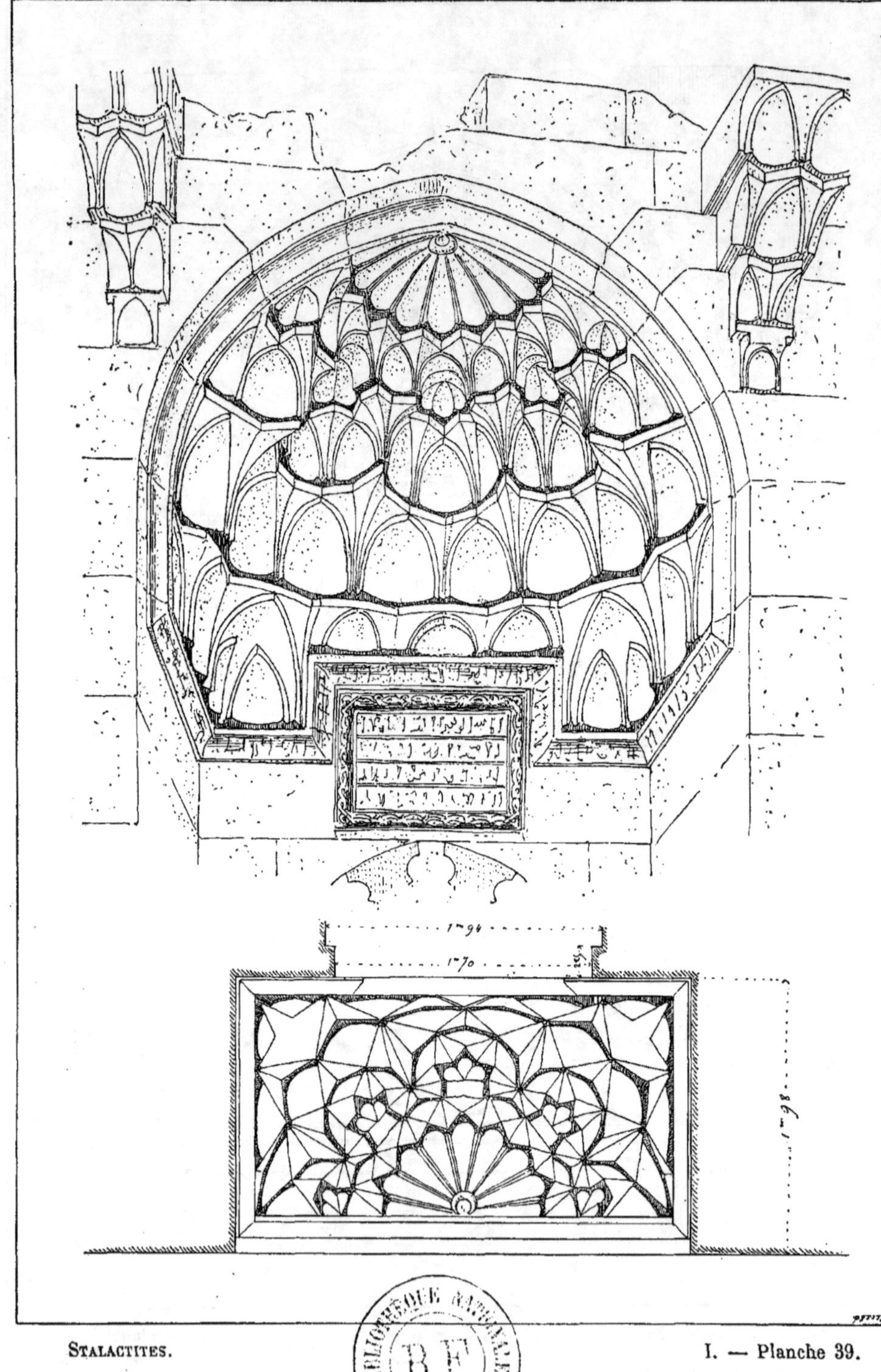

STALACTITES.

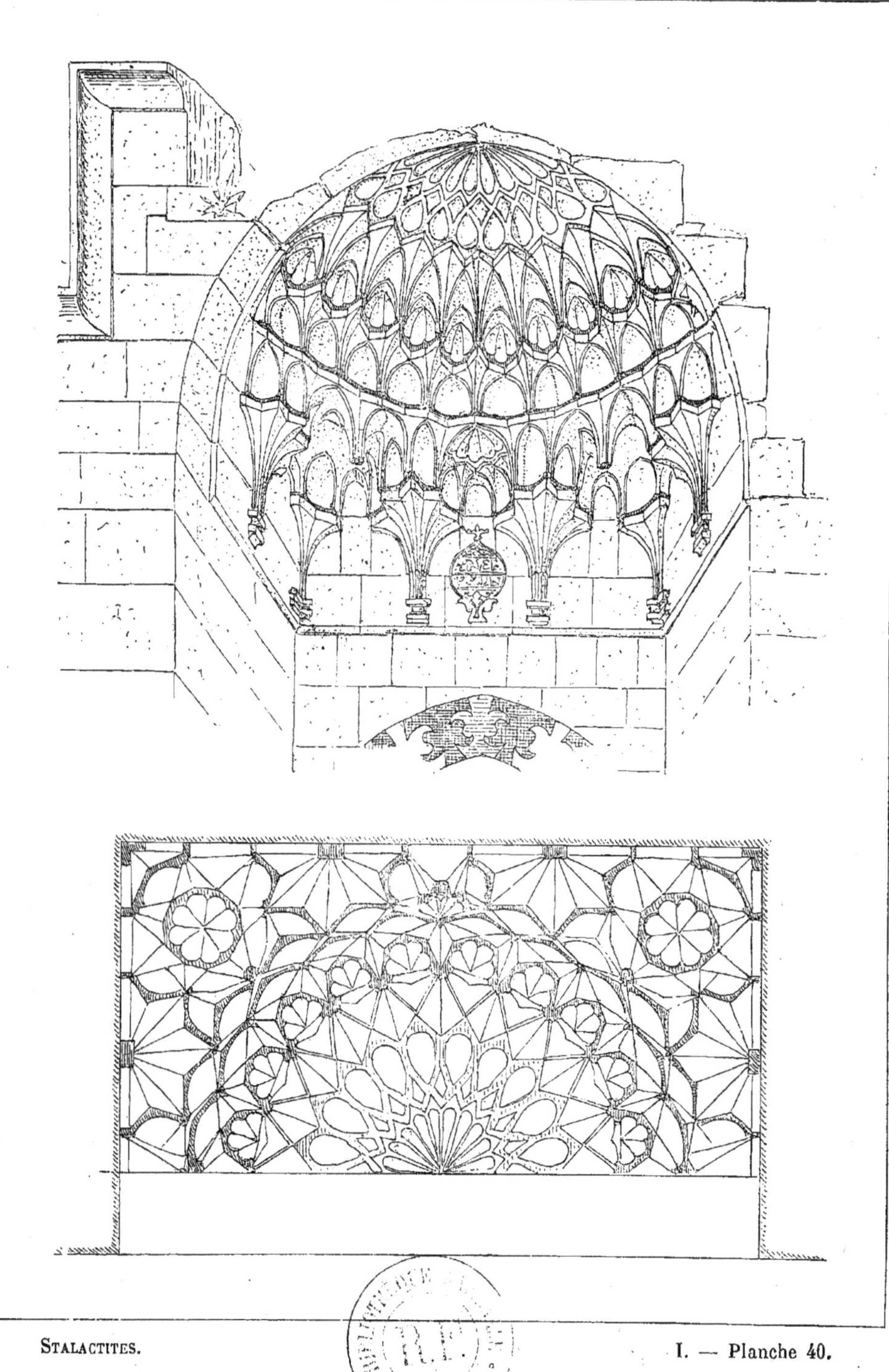

STALACTITES.

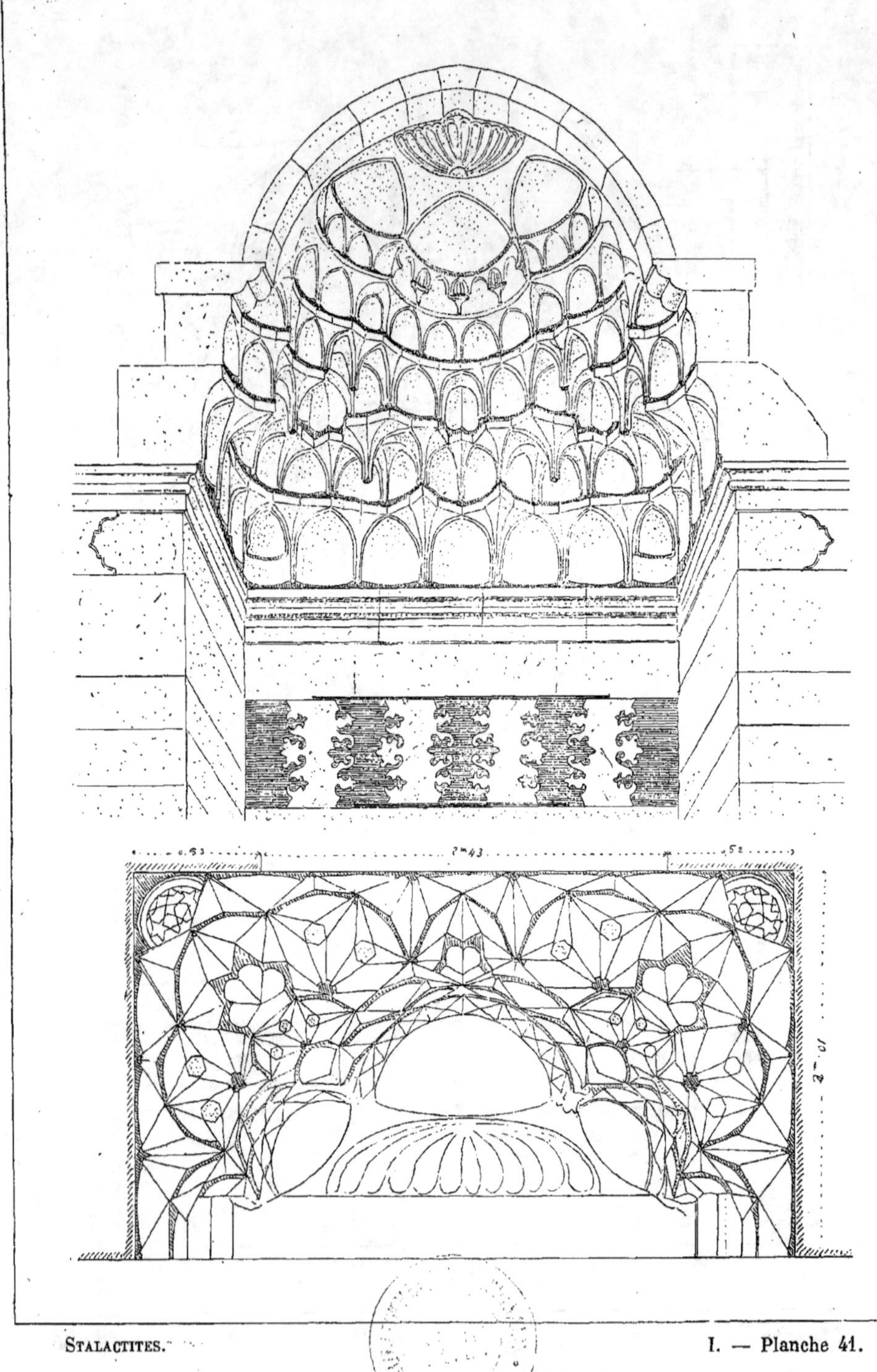

STALACTITES.

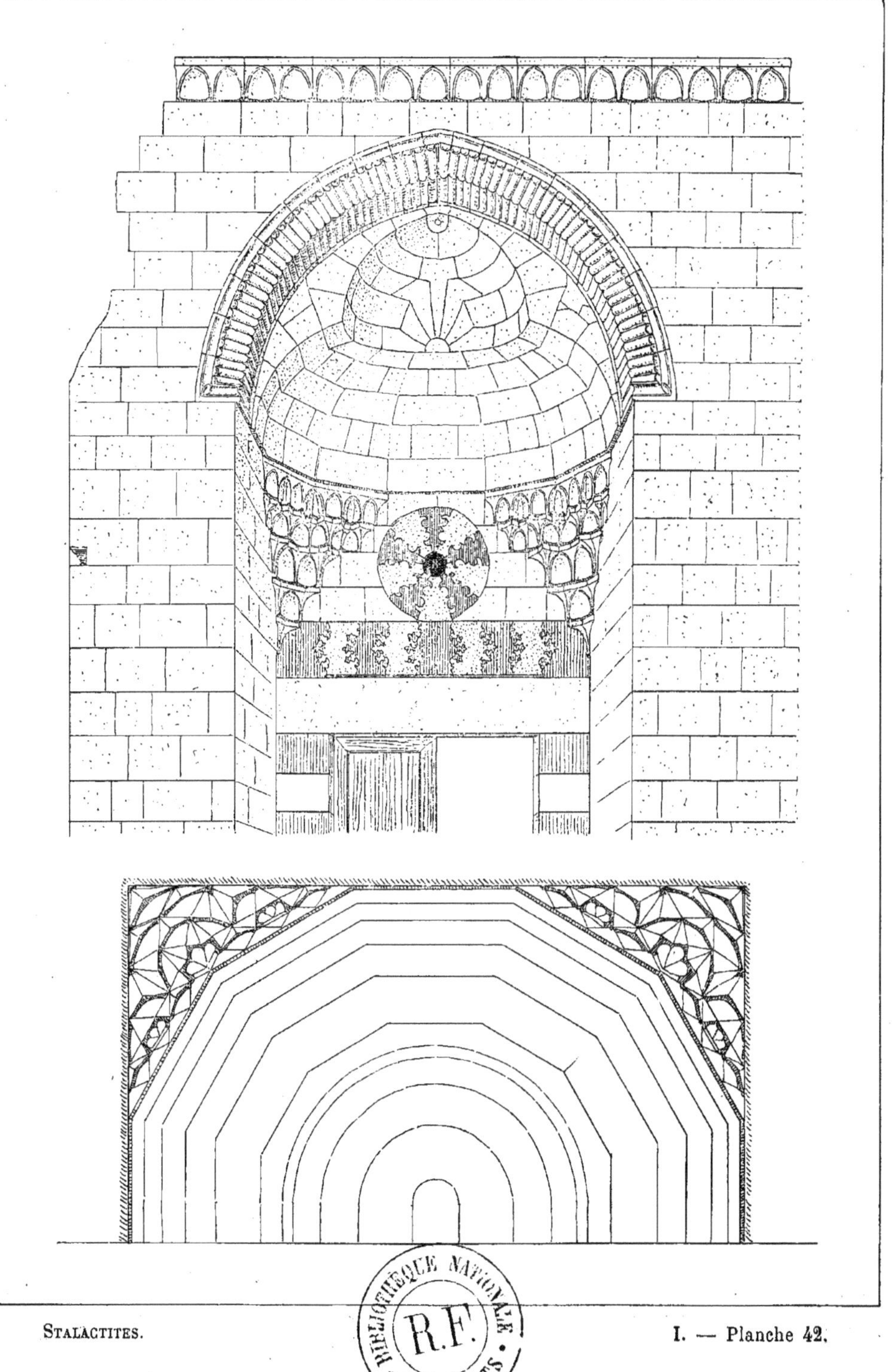

STALACTITES.

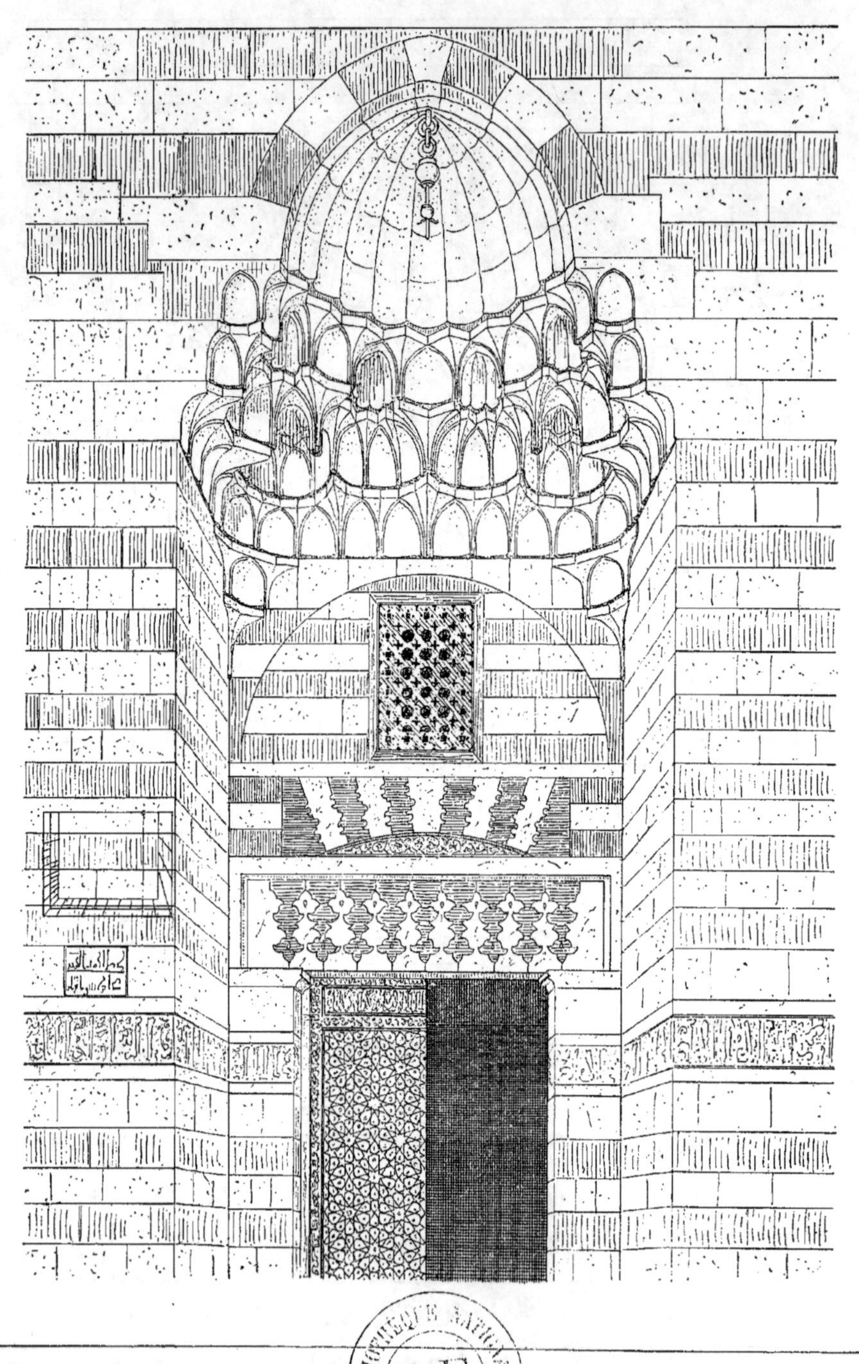

STALACTITES.

I. — Planche 43.

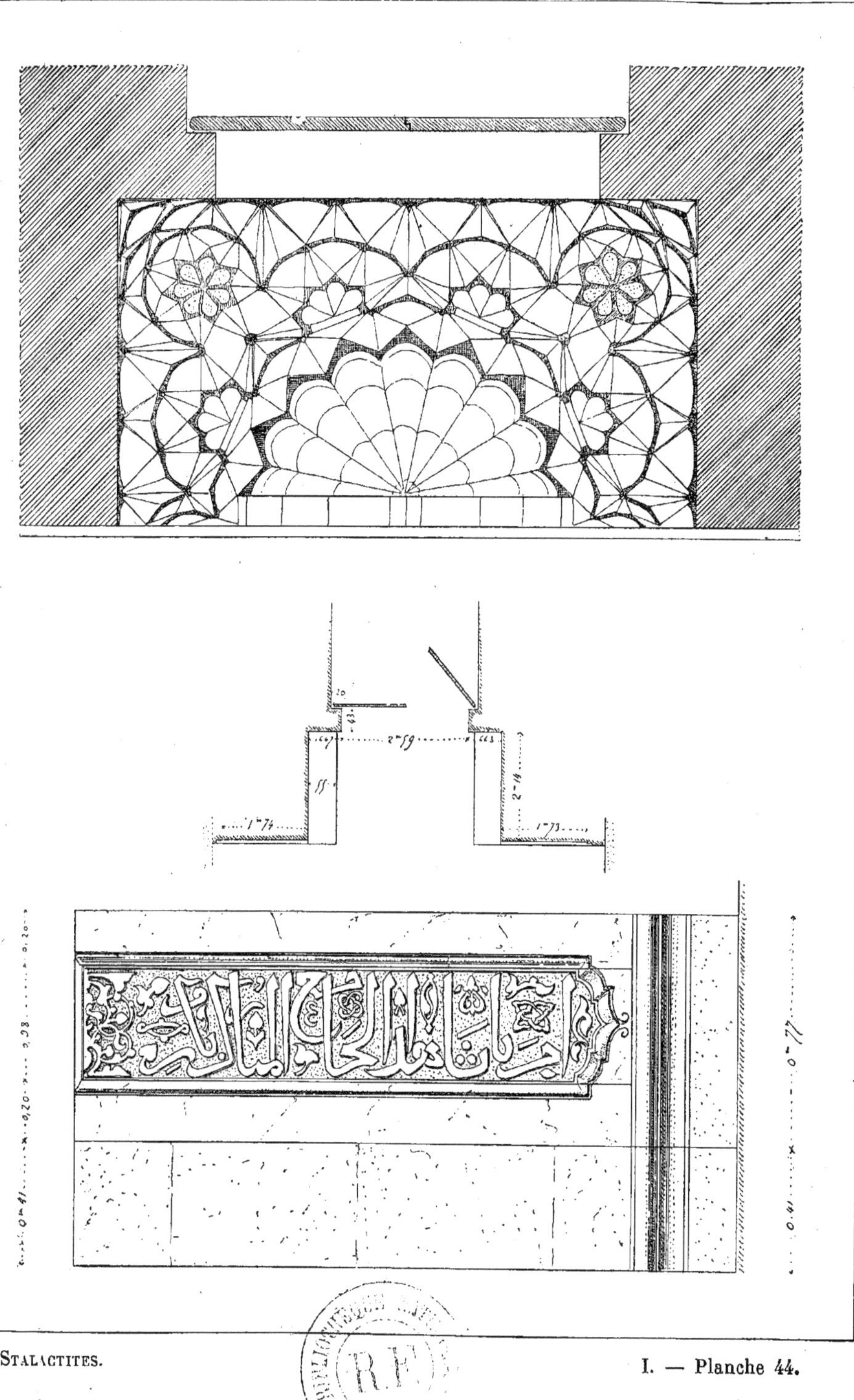

STALACTITES.

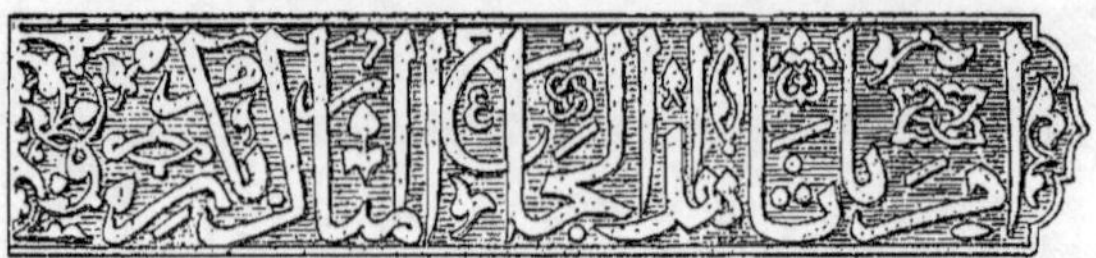

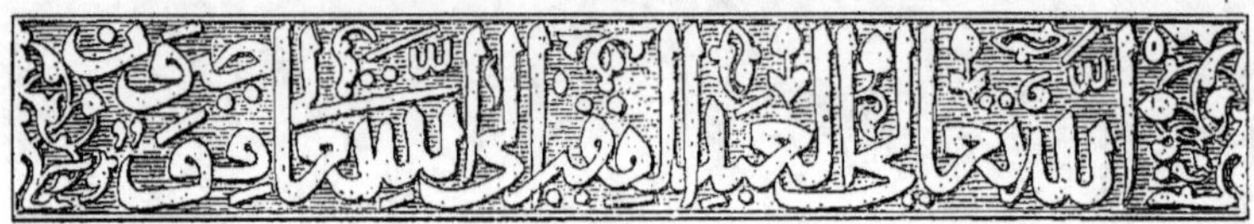

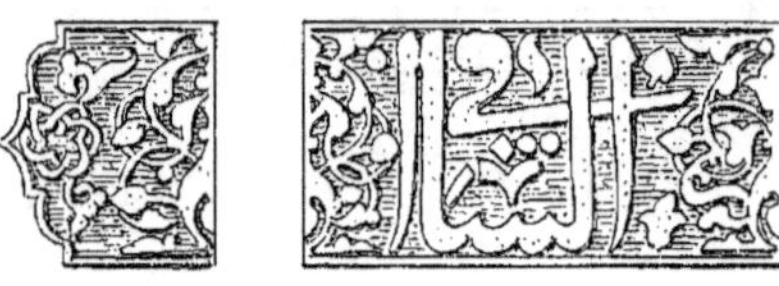

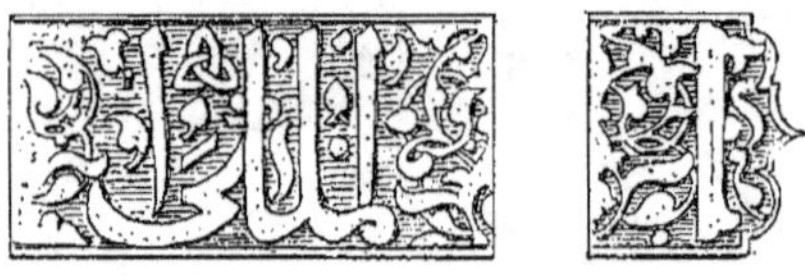

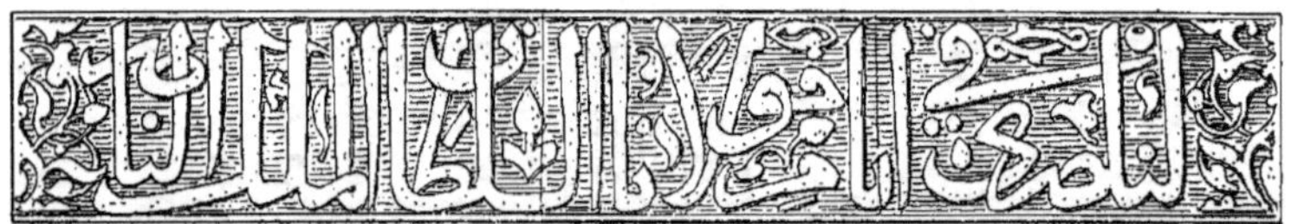

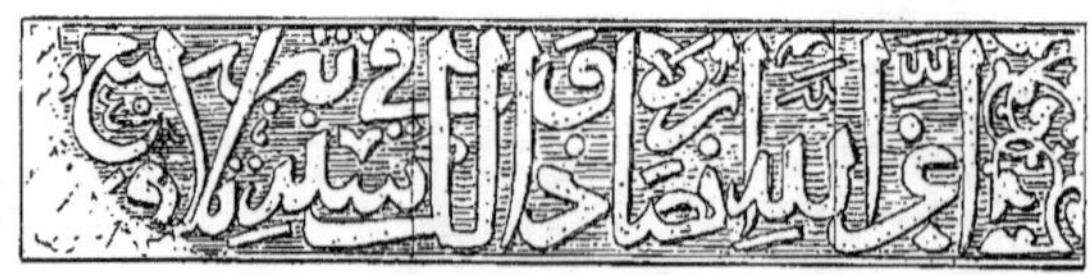

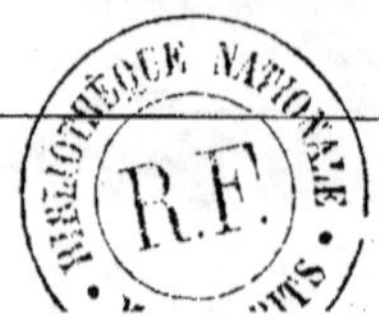

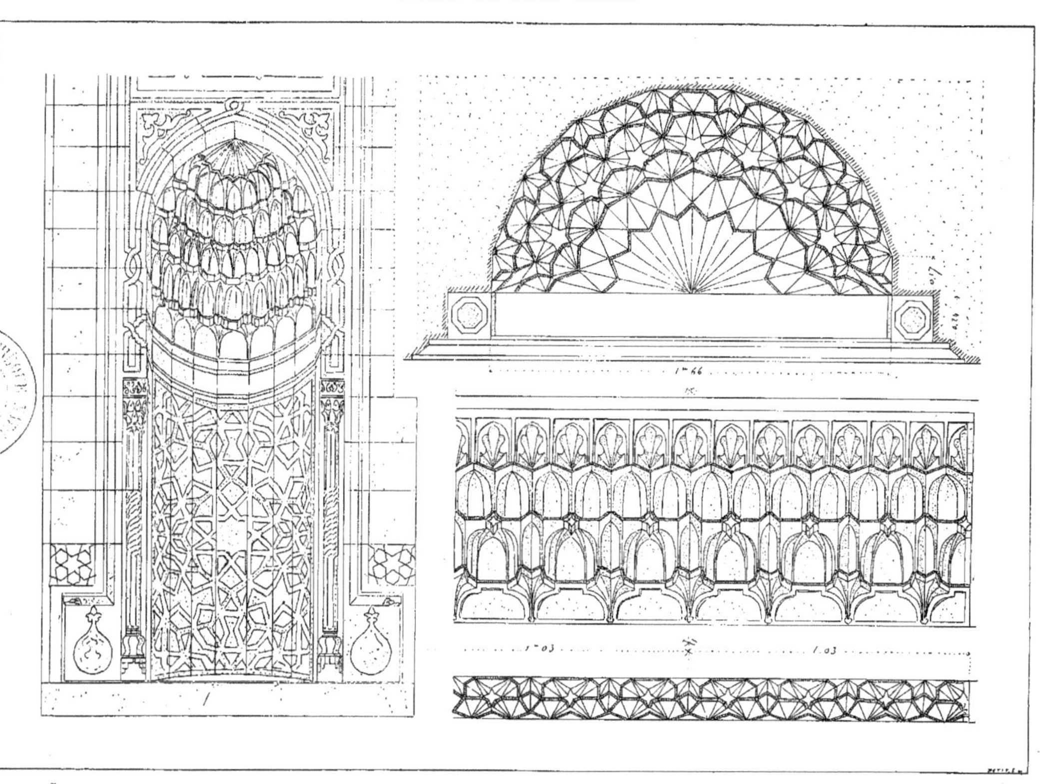

Stalactites.

I. — Planche 46.

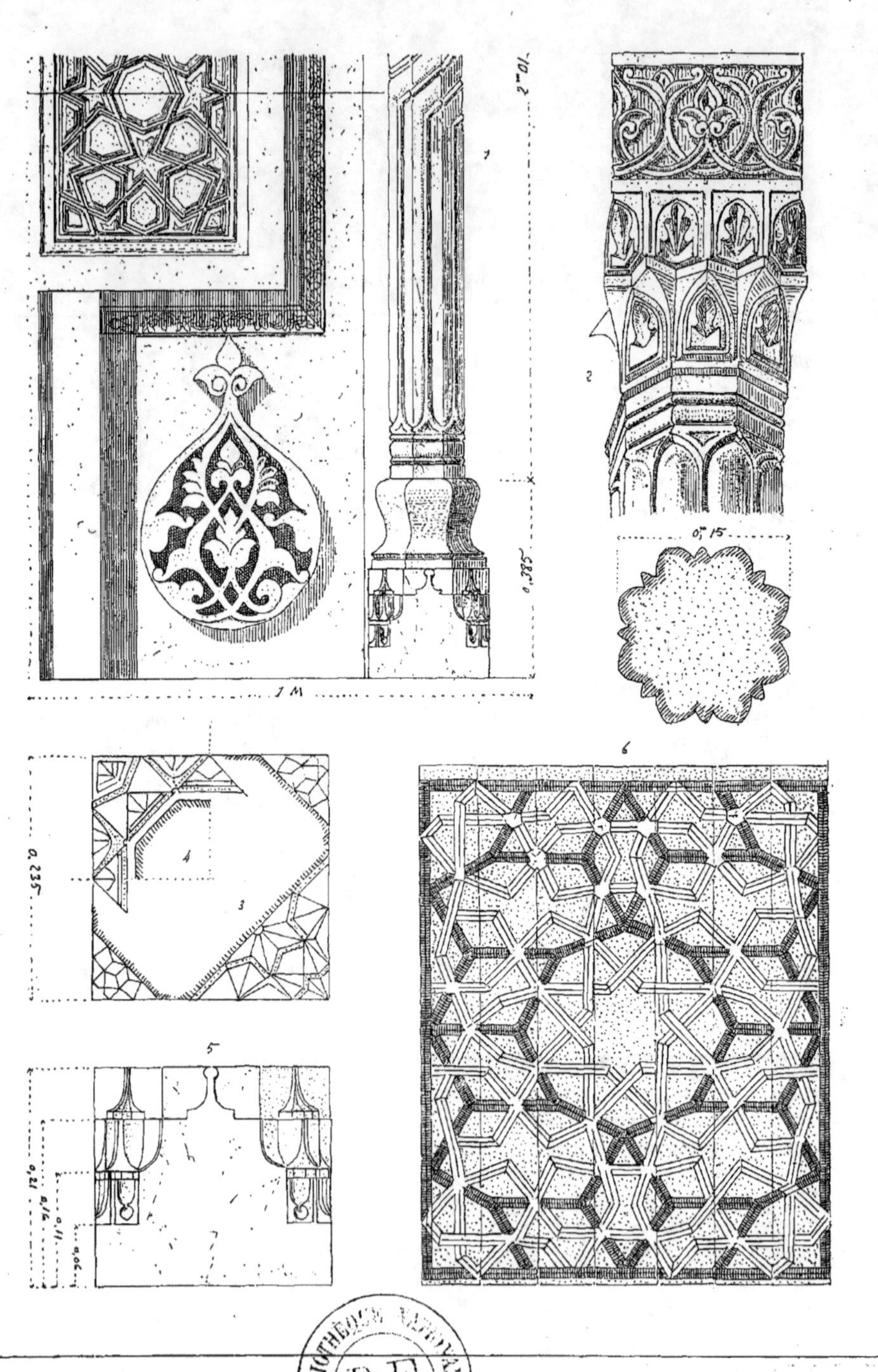

DÉTAILS:

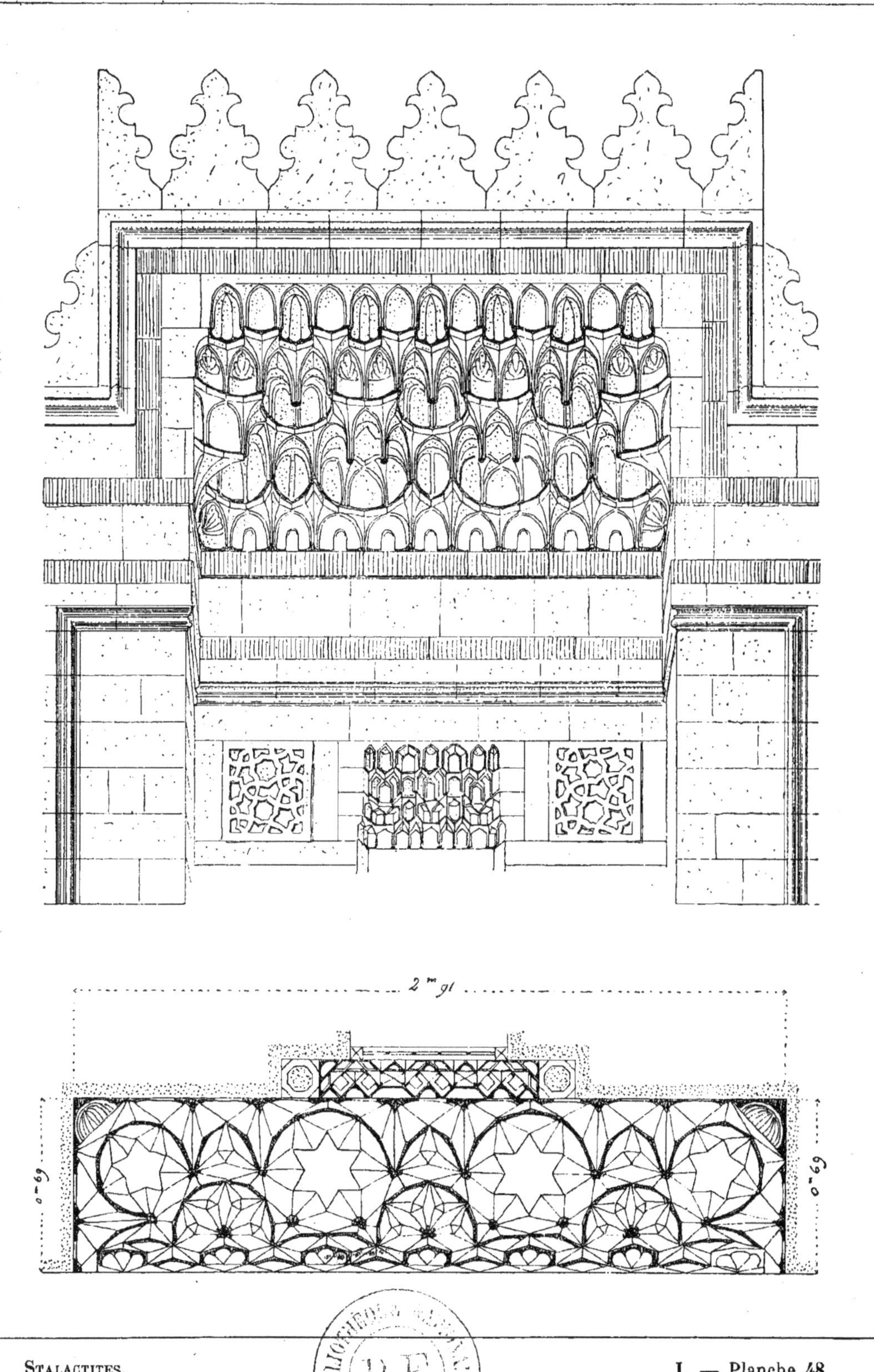

STALACTITES.

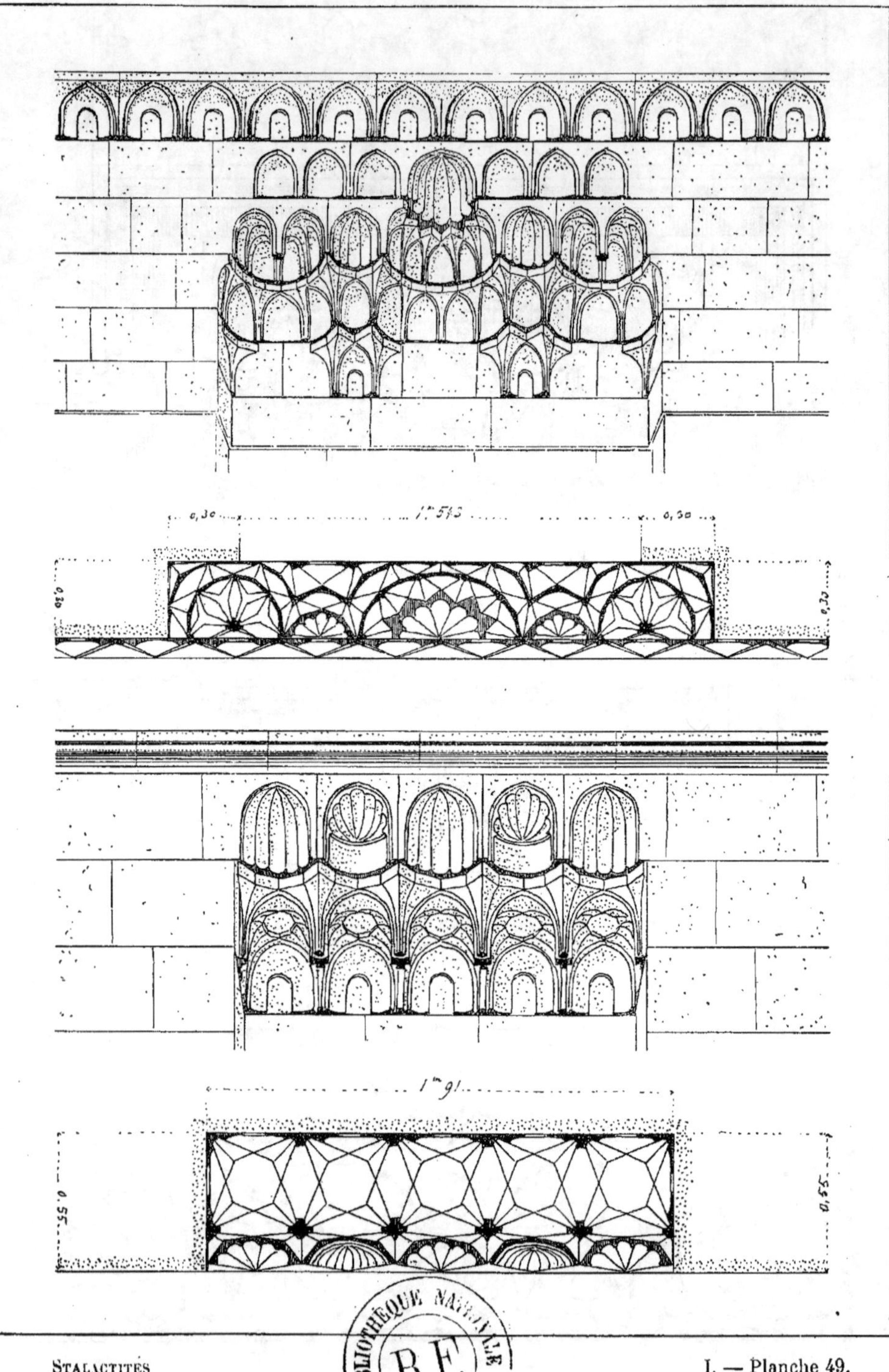

STALACTITES

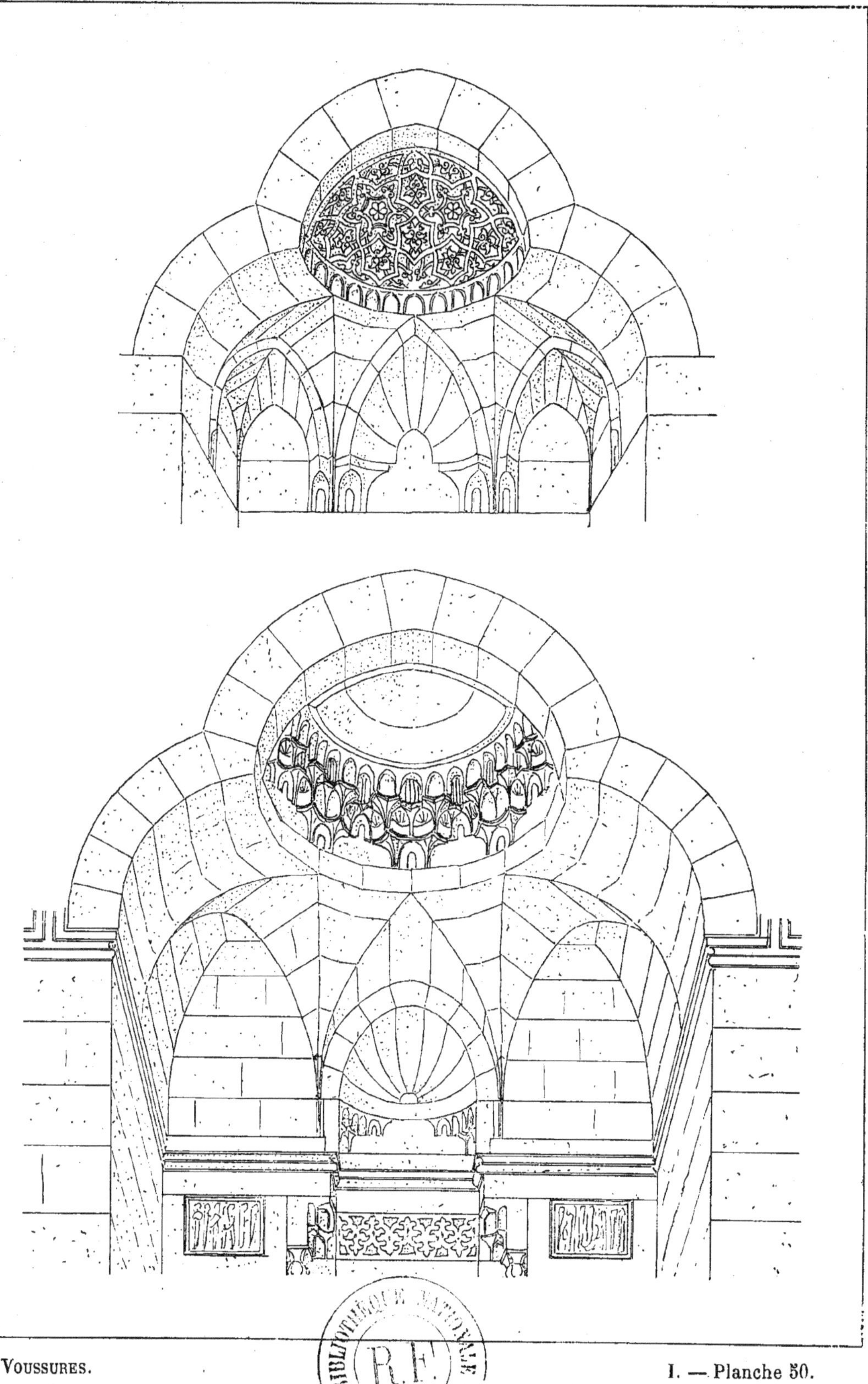

VOUSSURES.

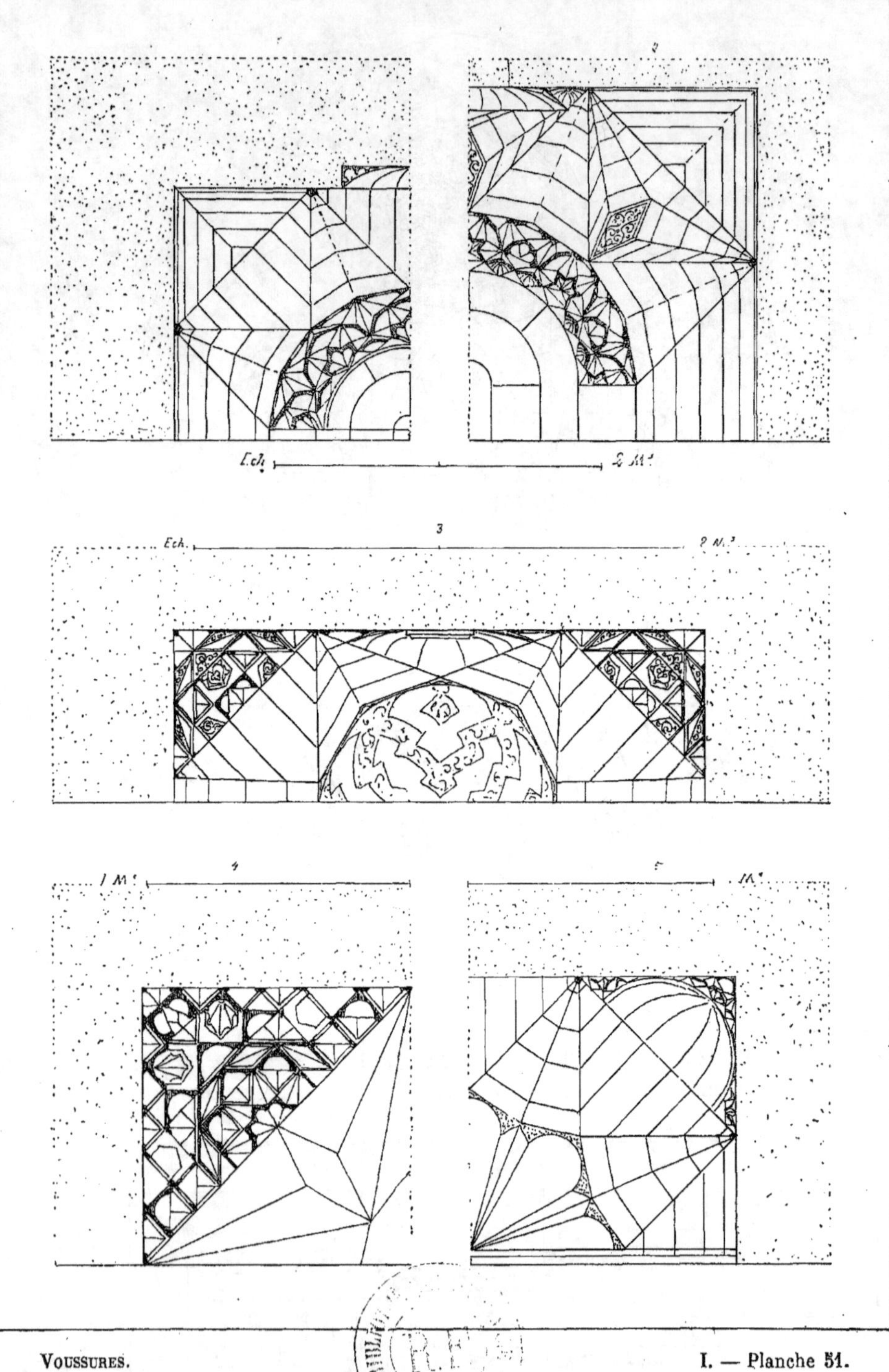

VOUSSURES.

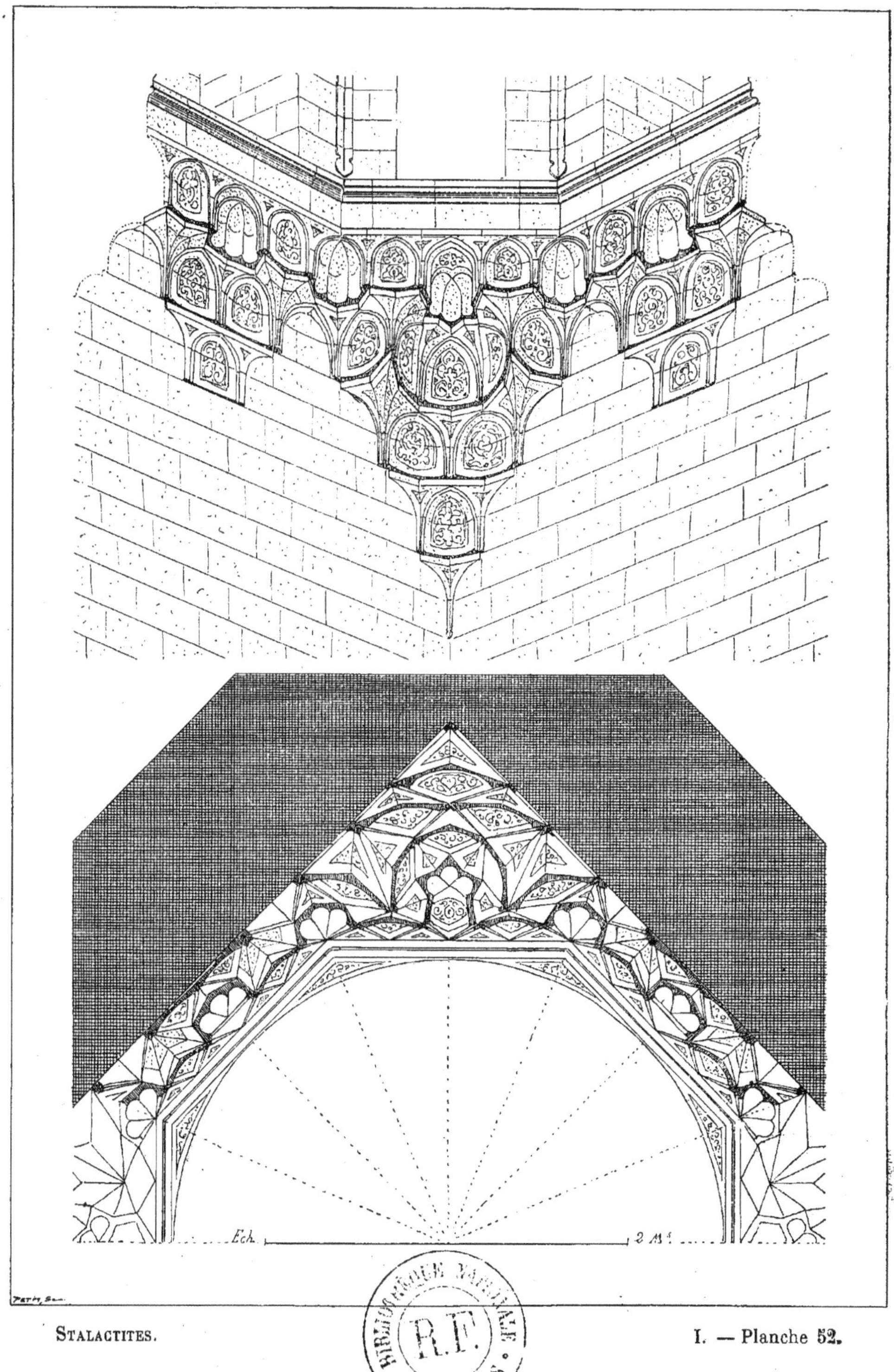

STALACTITES.

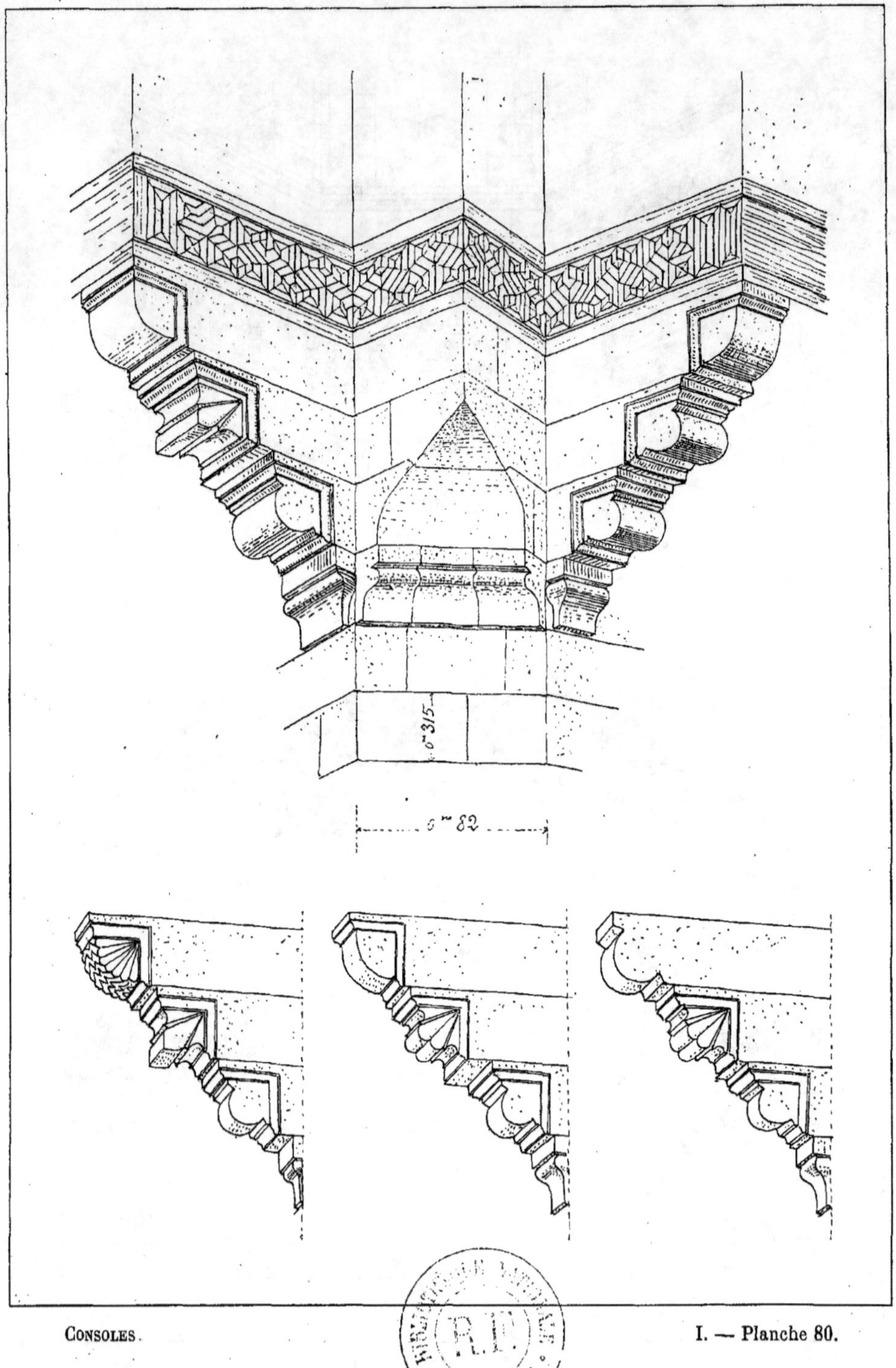

CONSOLES.

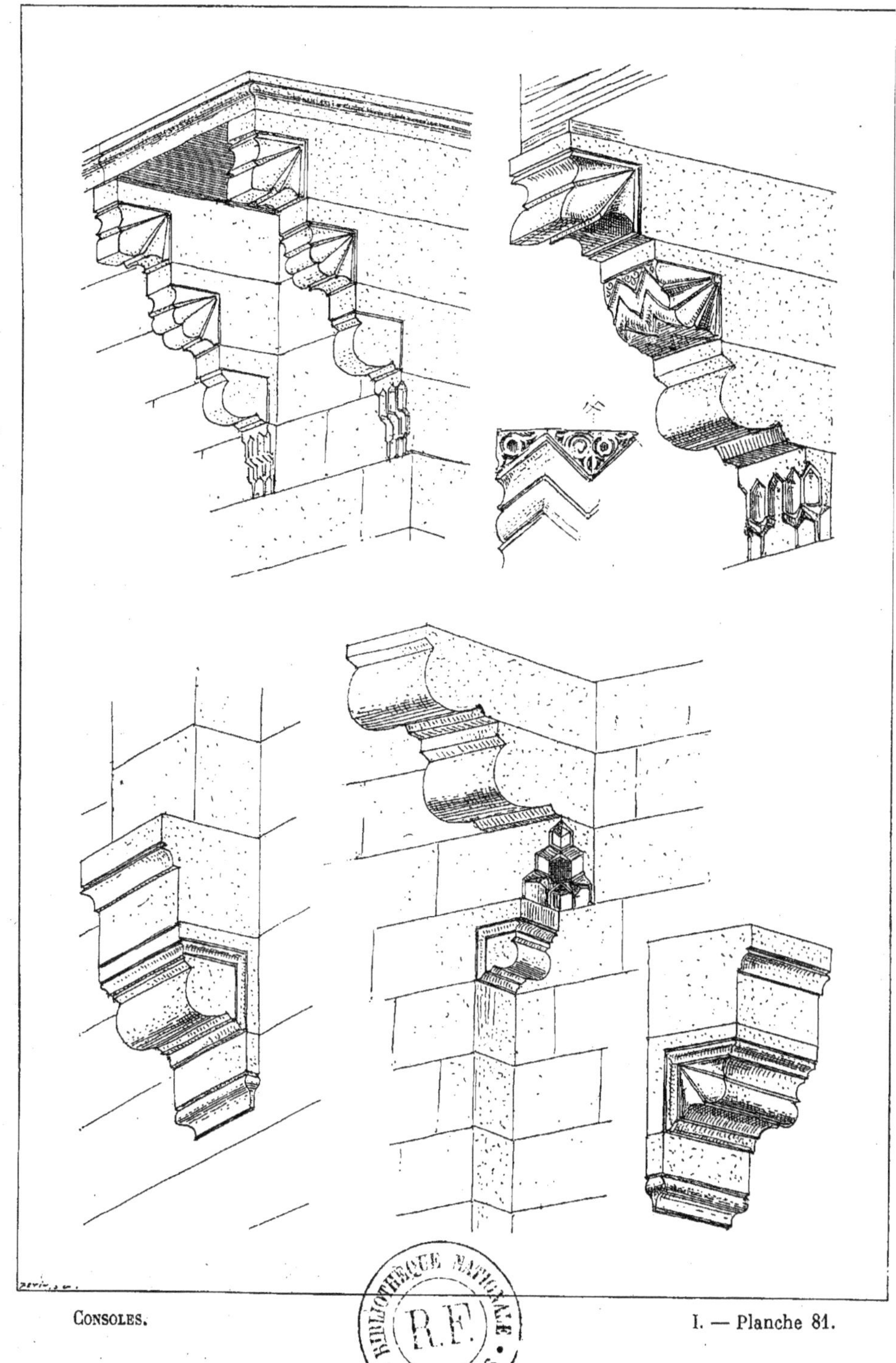

CONSOLES.

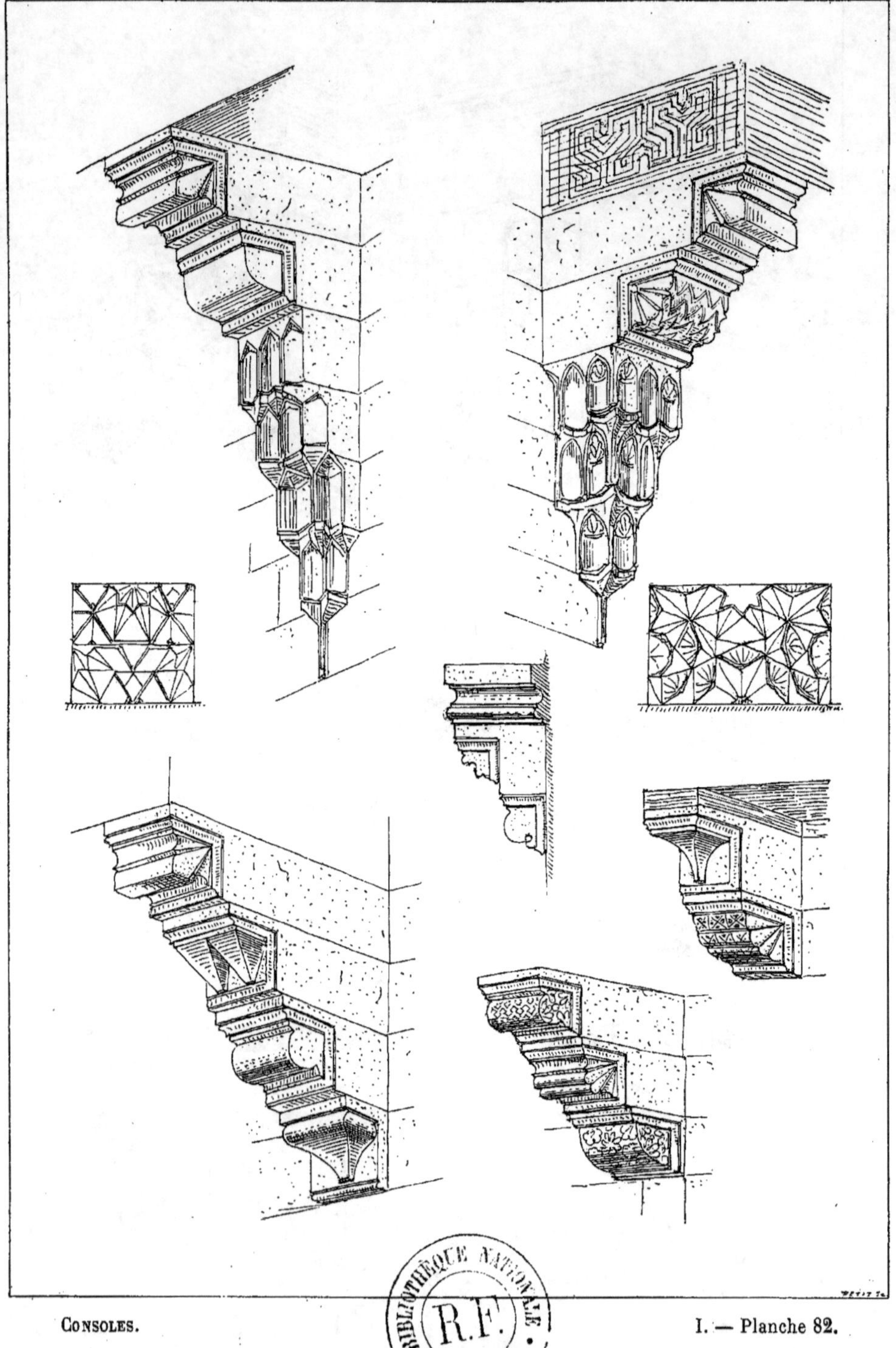

CONSOLES. I. — Planche 82.

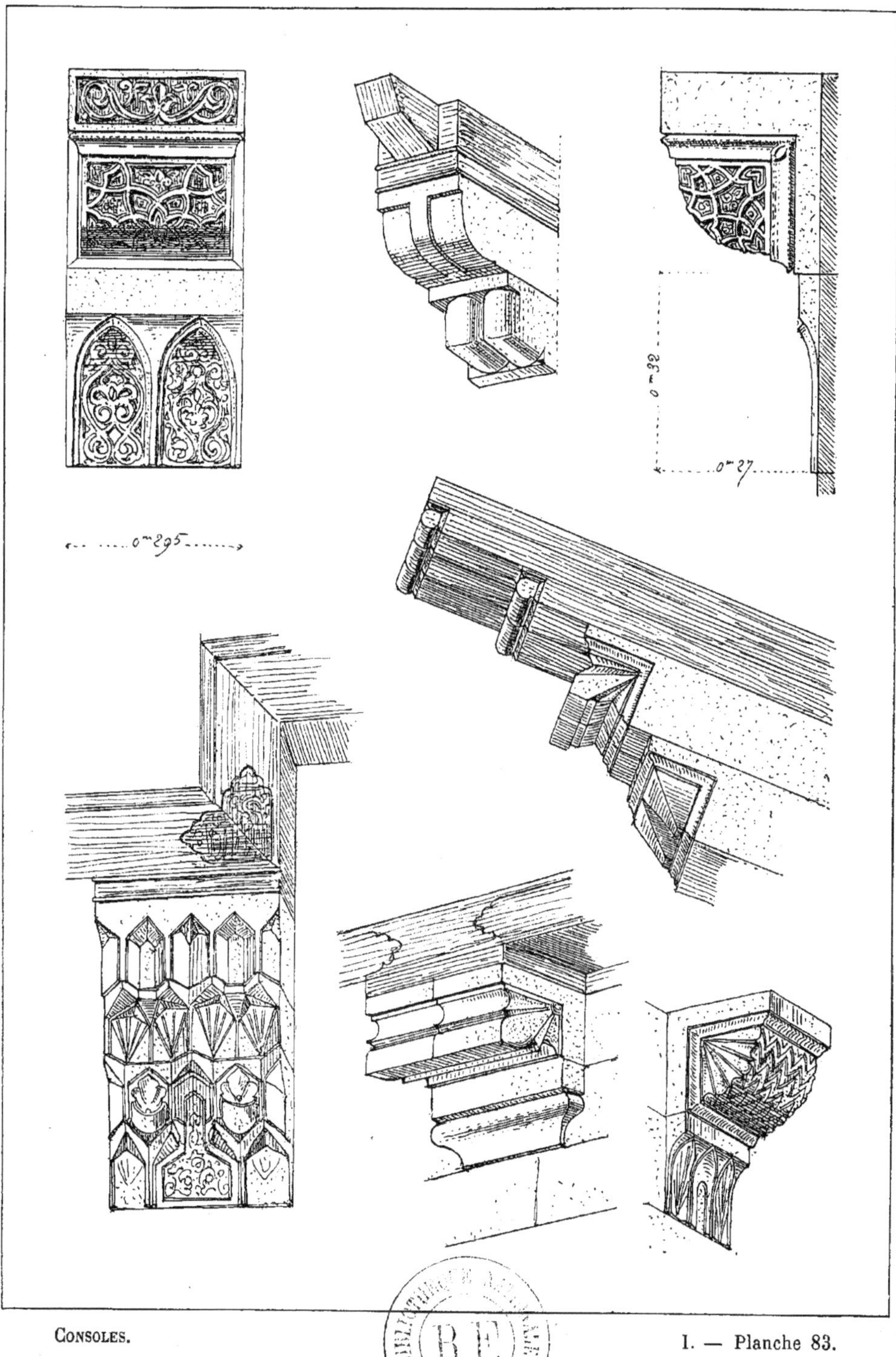

CONSOLES.

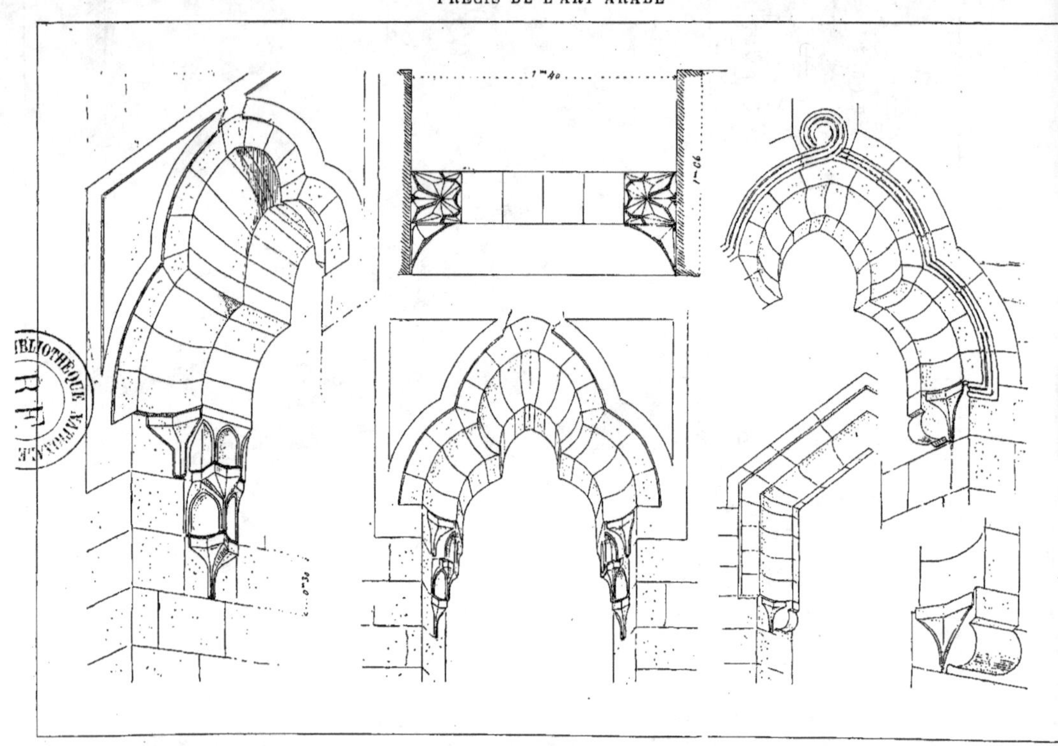

ARCS DE MOULINS.

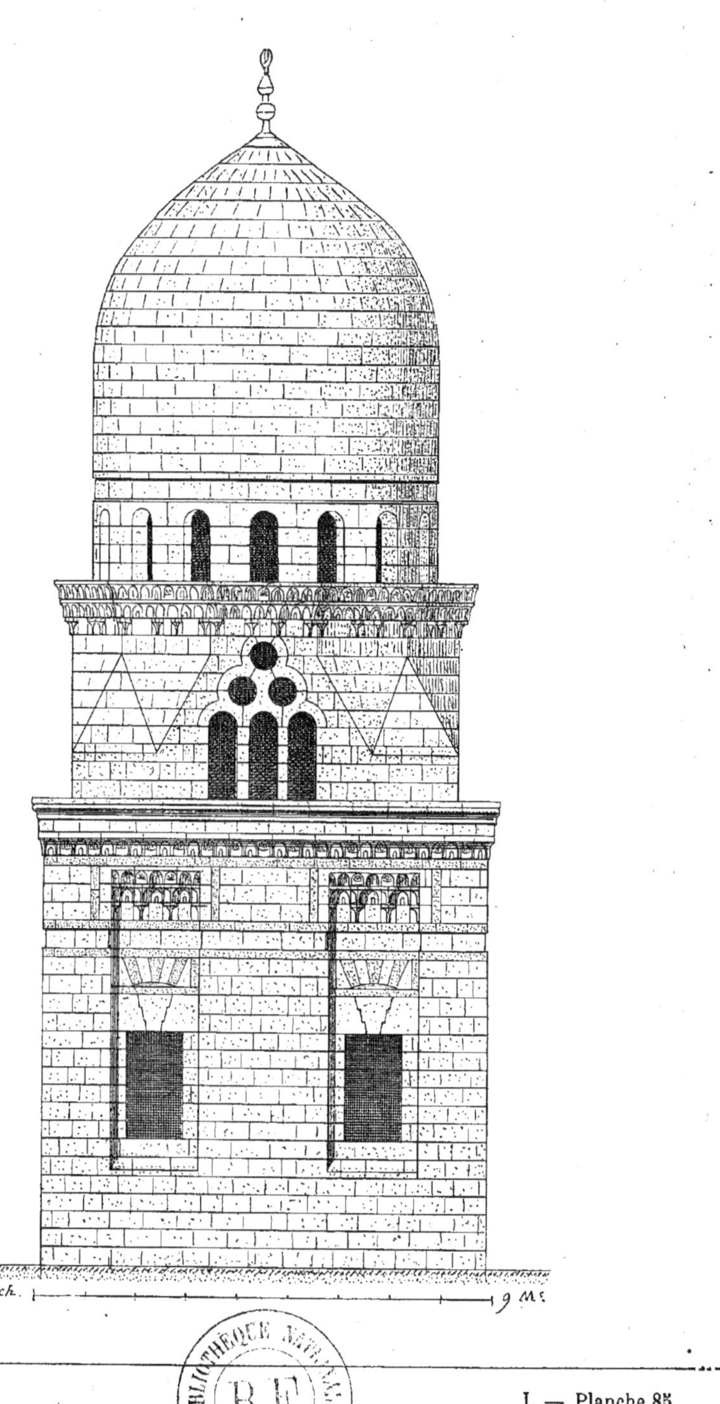

KOUBBÉ.

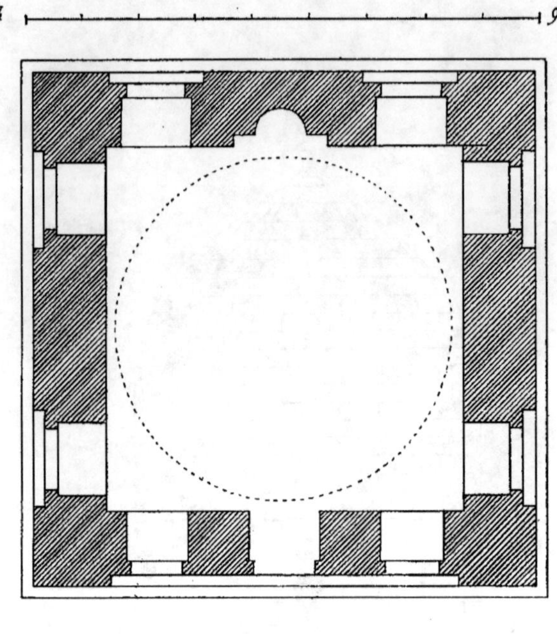

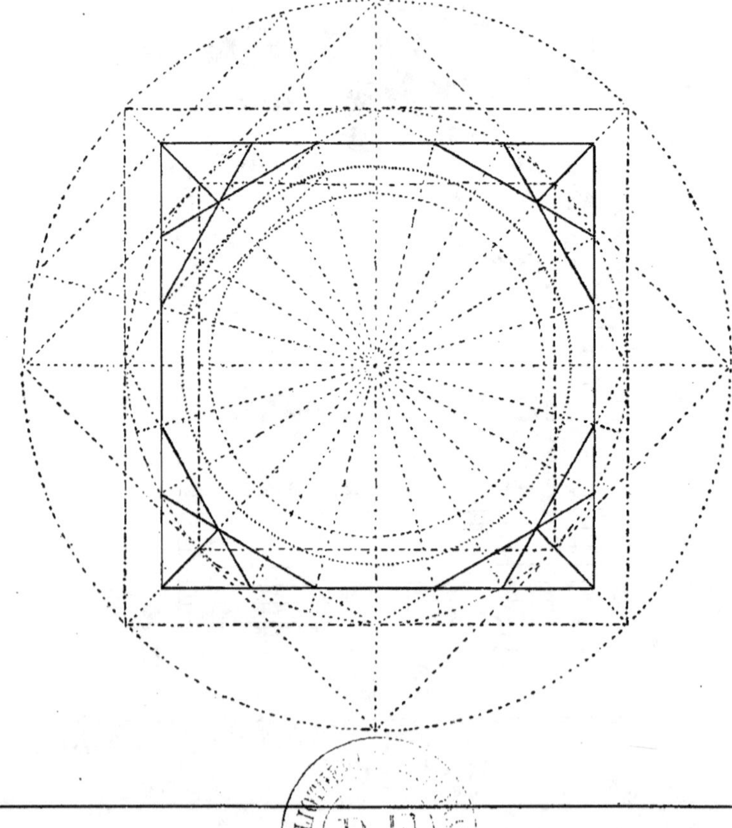

KOUBBÉ.

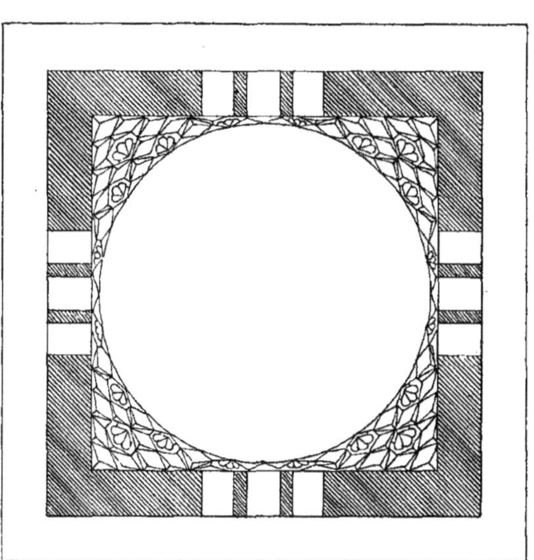

Ech. 9 Ms

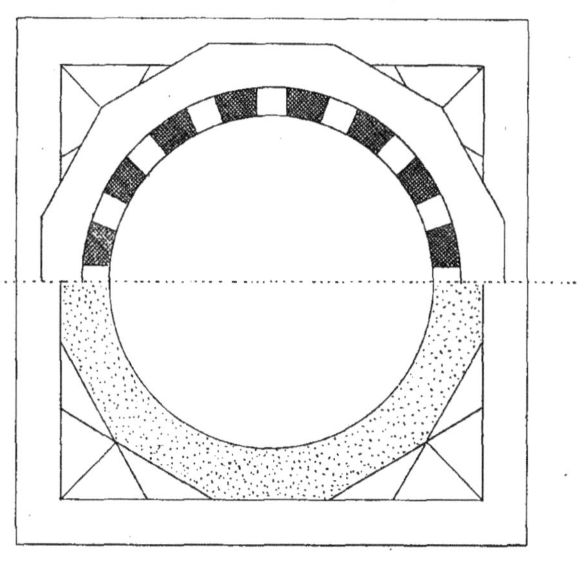

KOUBBÉ.

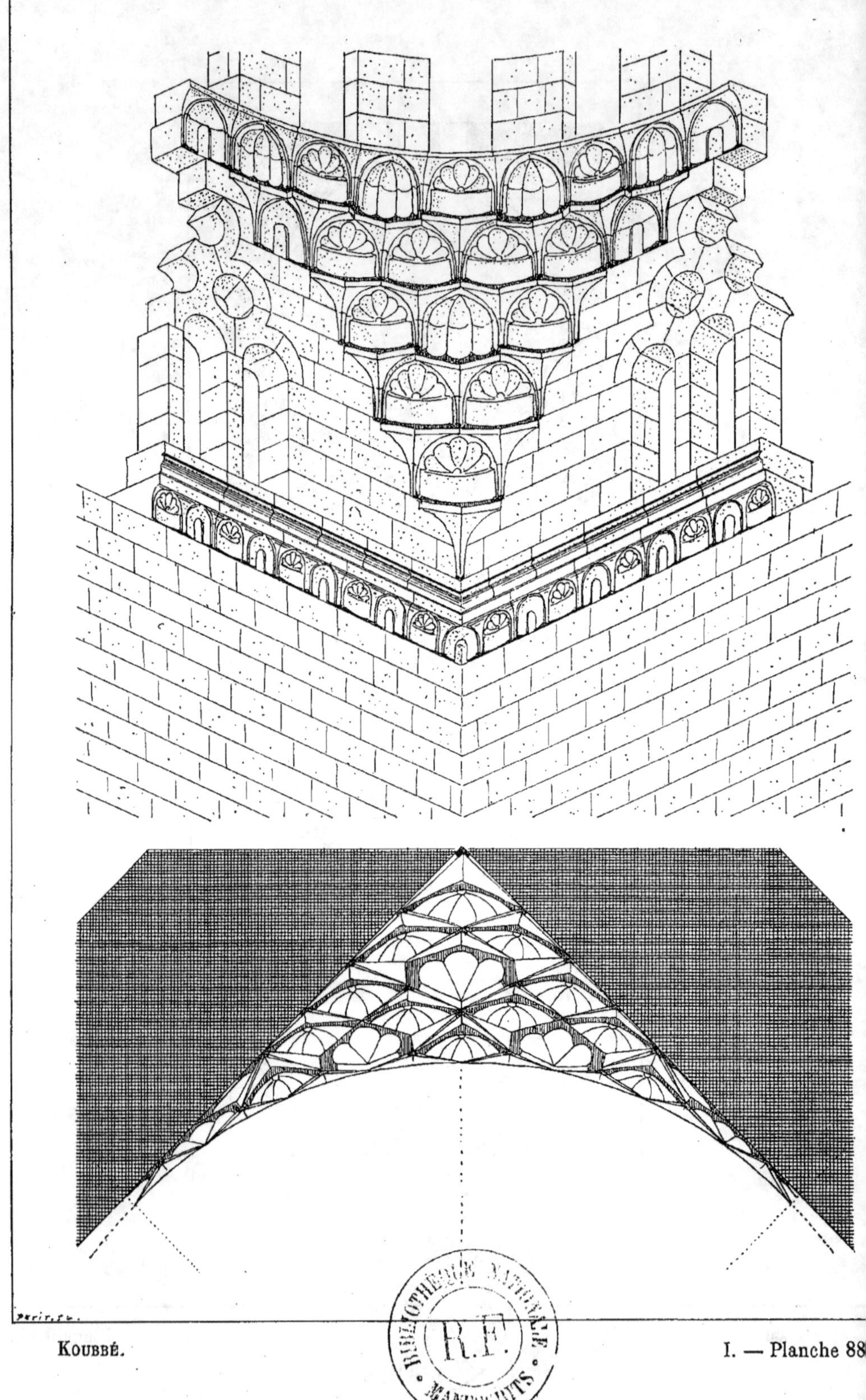

KOUBBÉ.

I. — Planche 88

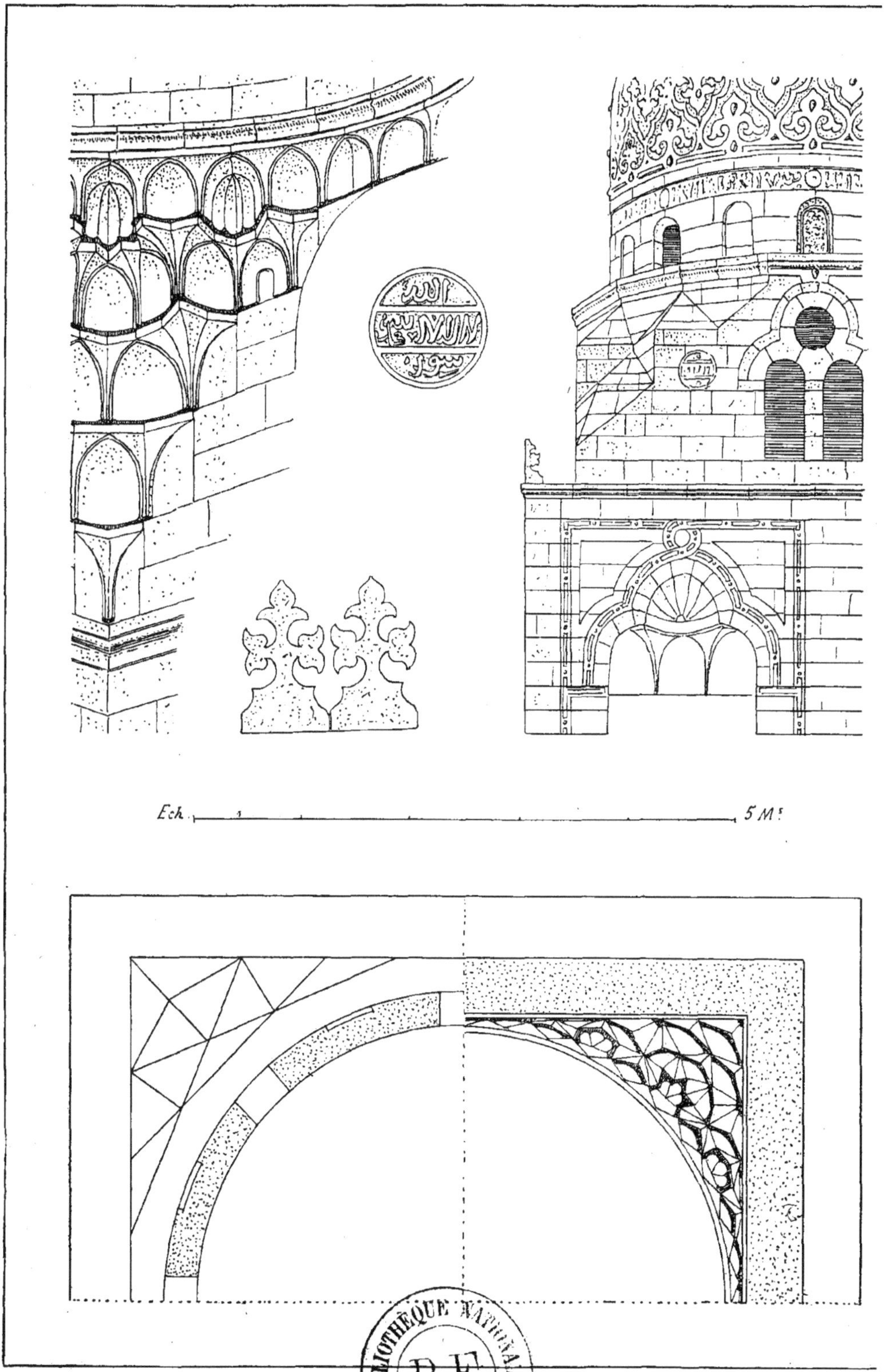

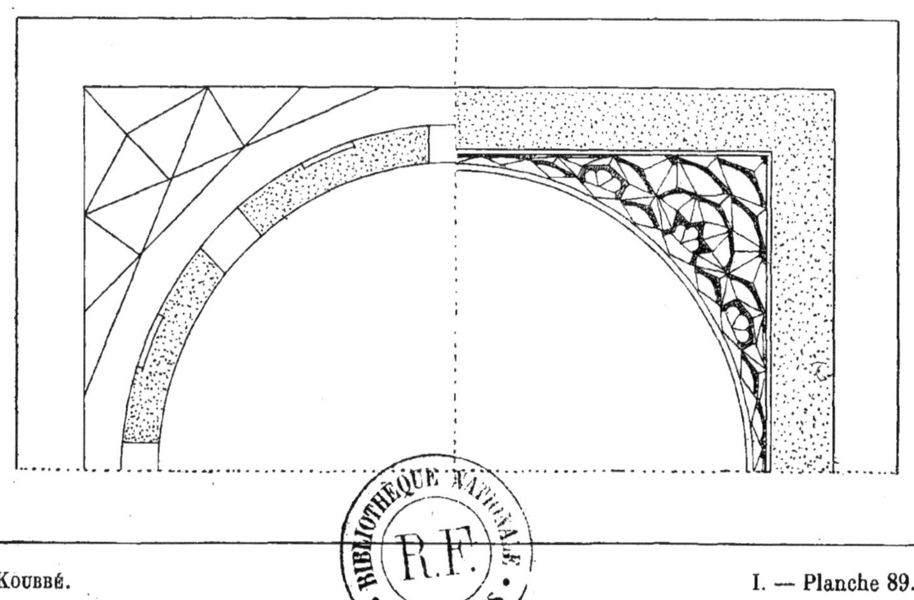

KOUBBÉ.

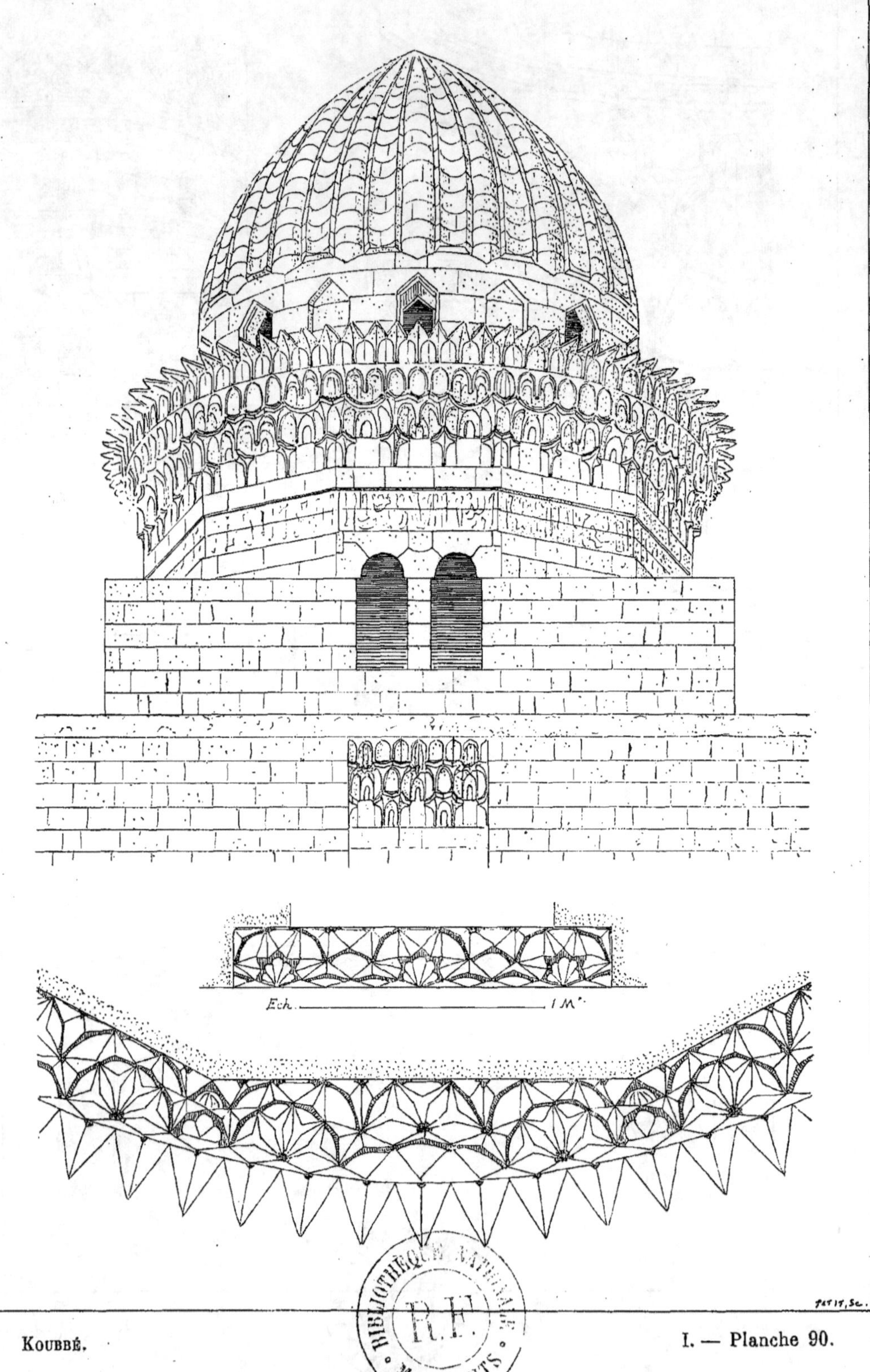

KOUBBÉ.

VII

Jaune. 4

incomplet

manquent
le texte

et la planche 7 et 8.

Fol 40 (7, IV)

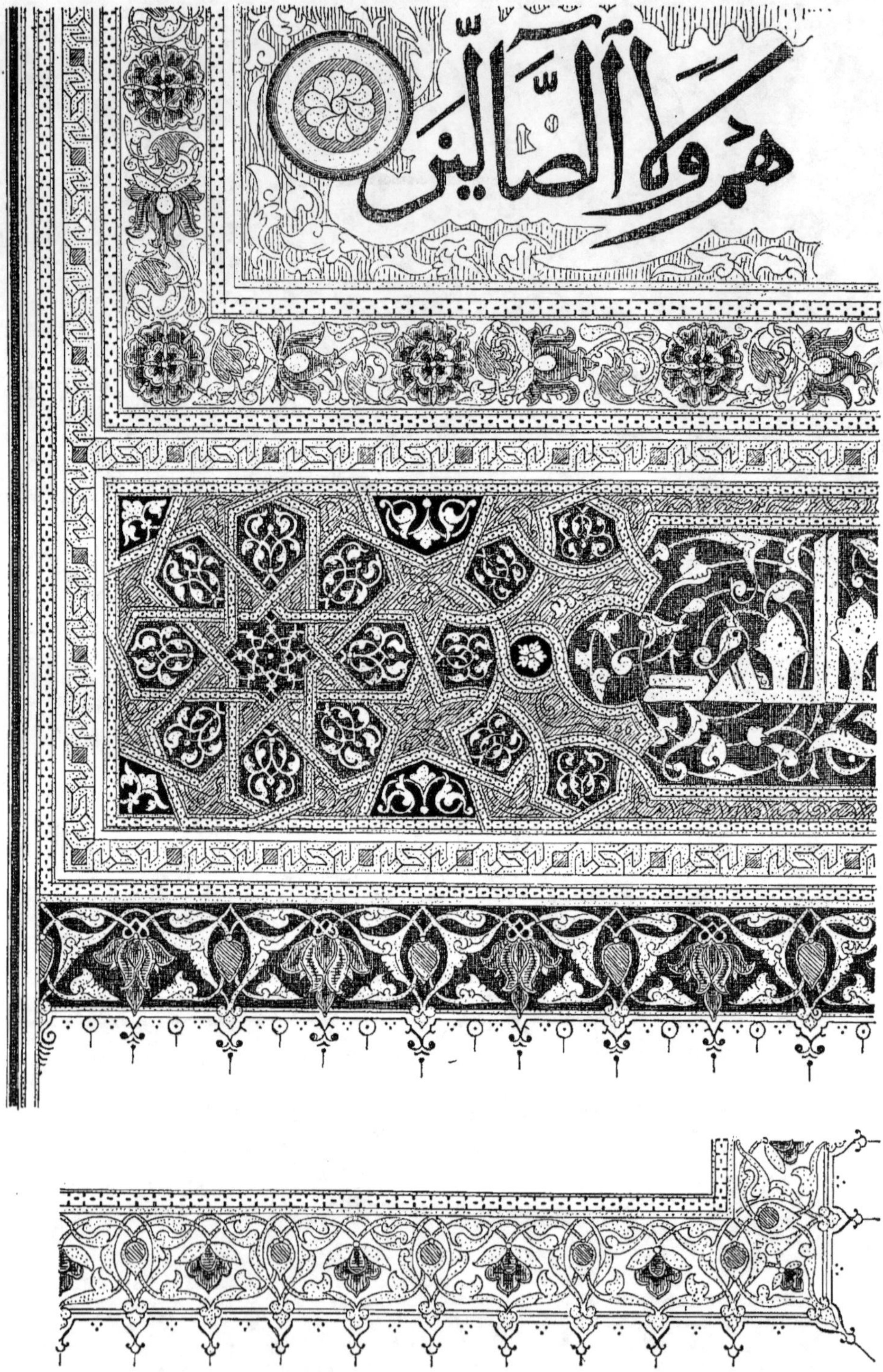

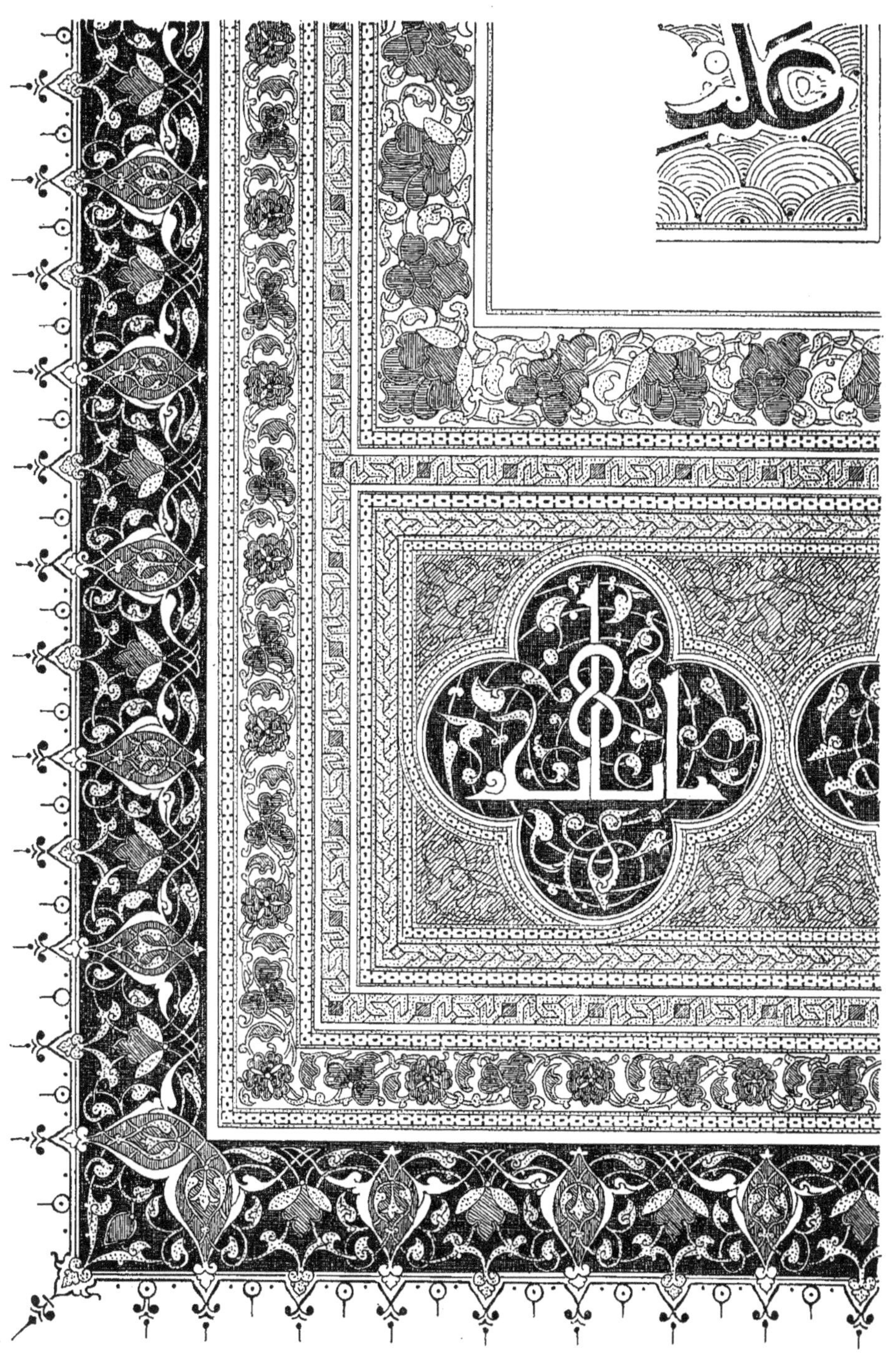

MANUSCRIT.

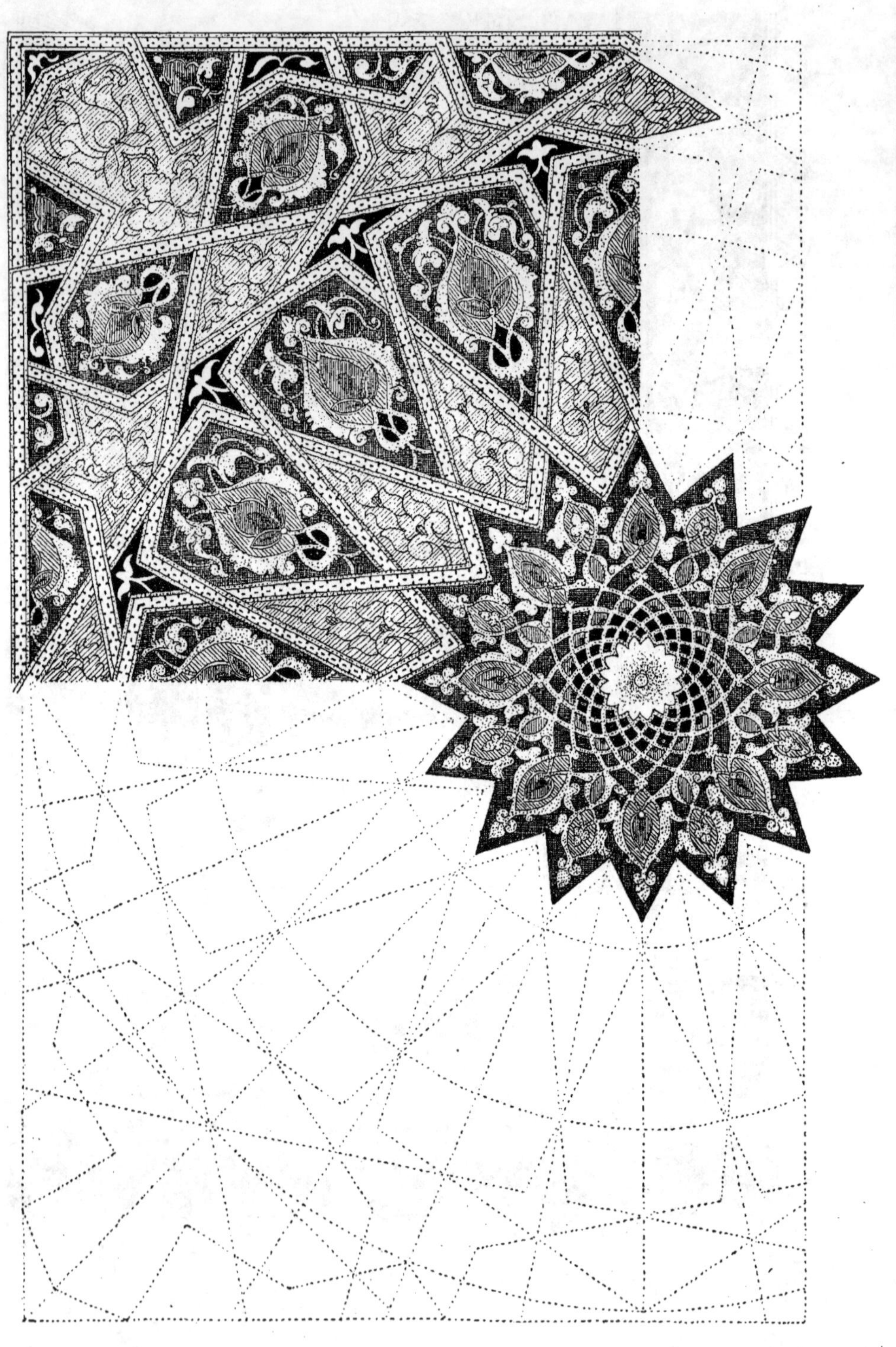

MANUSCRIT.

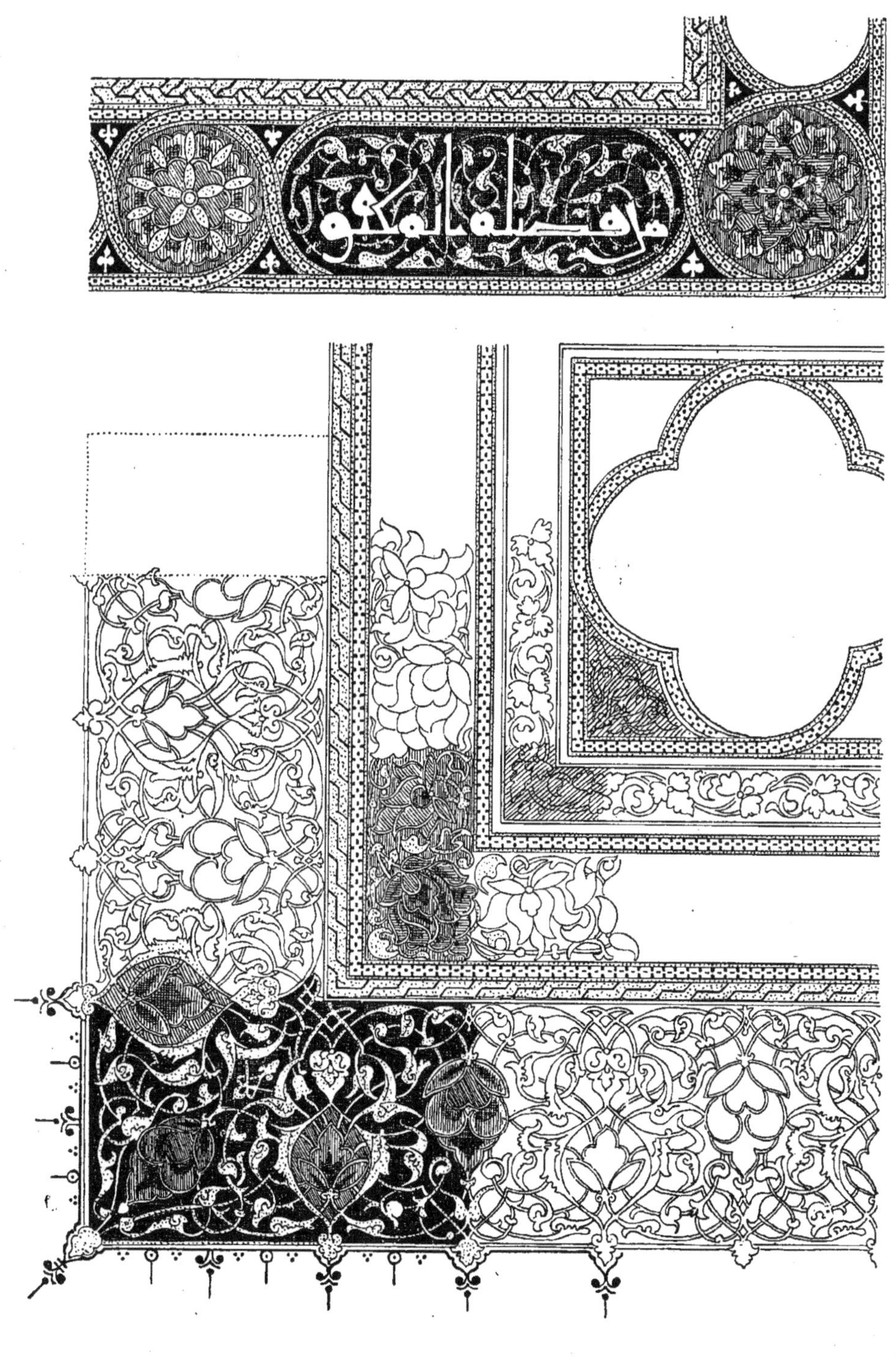

MANUSCRIT.

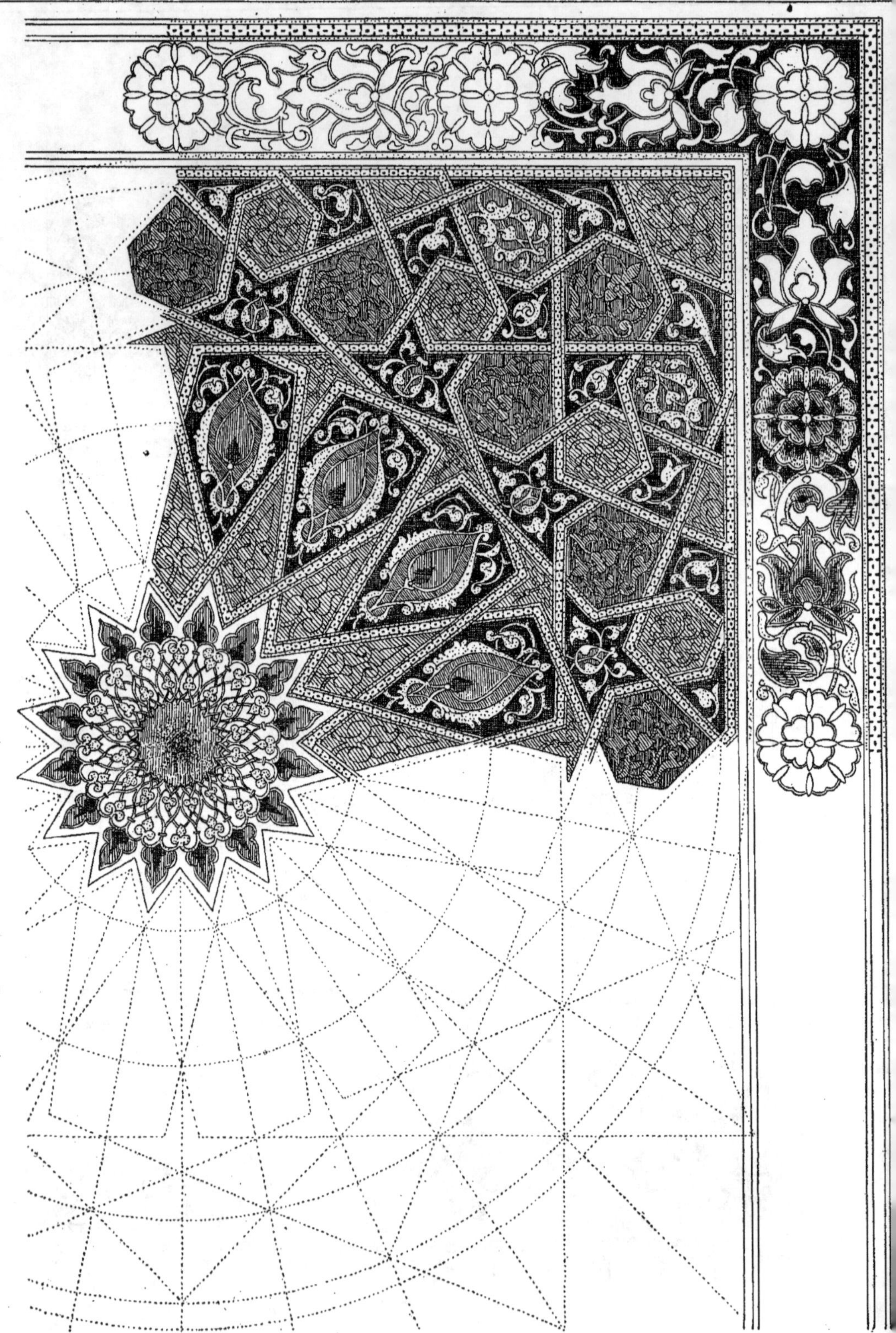

MANUSCRIT. IV. — Planche 5.

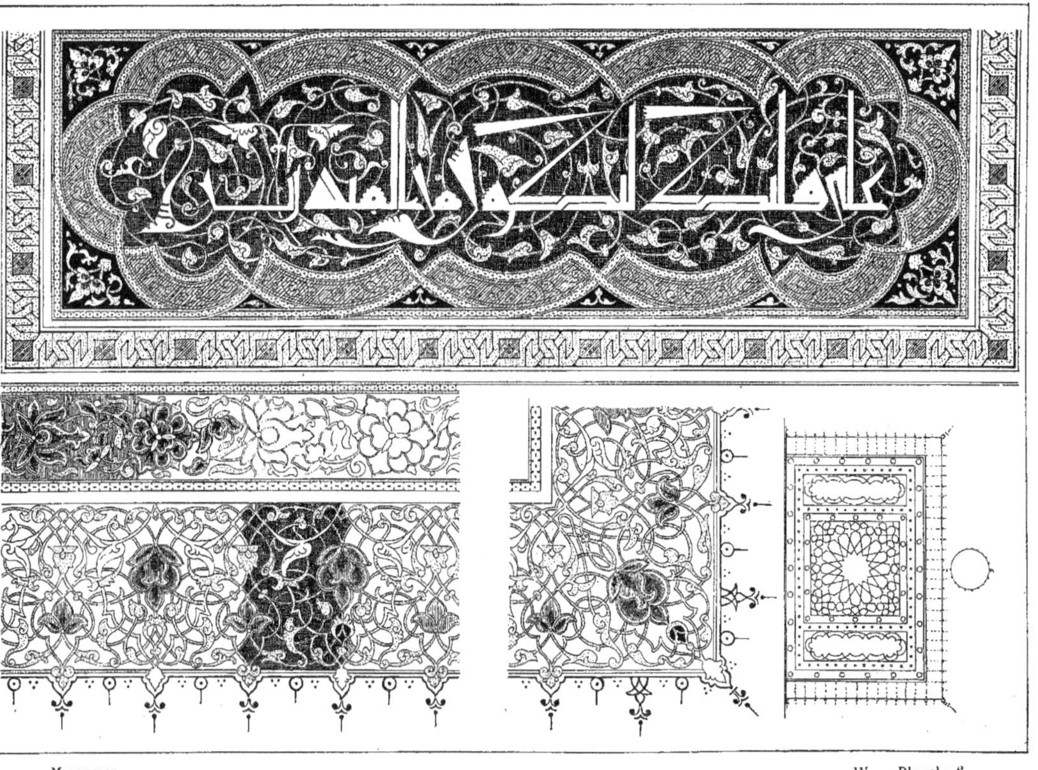

MANUSCRIT.

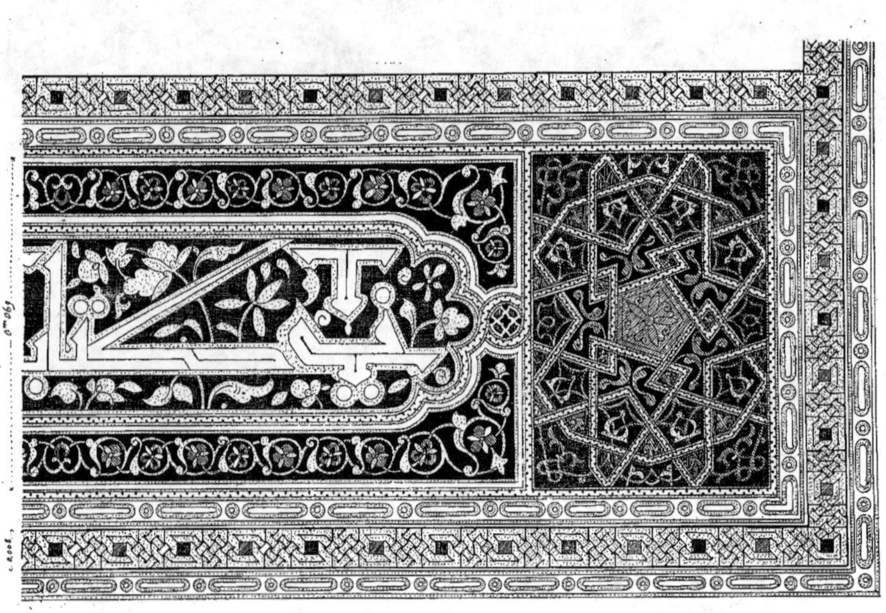

MANUSCRIT.

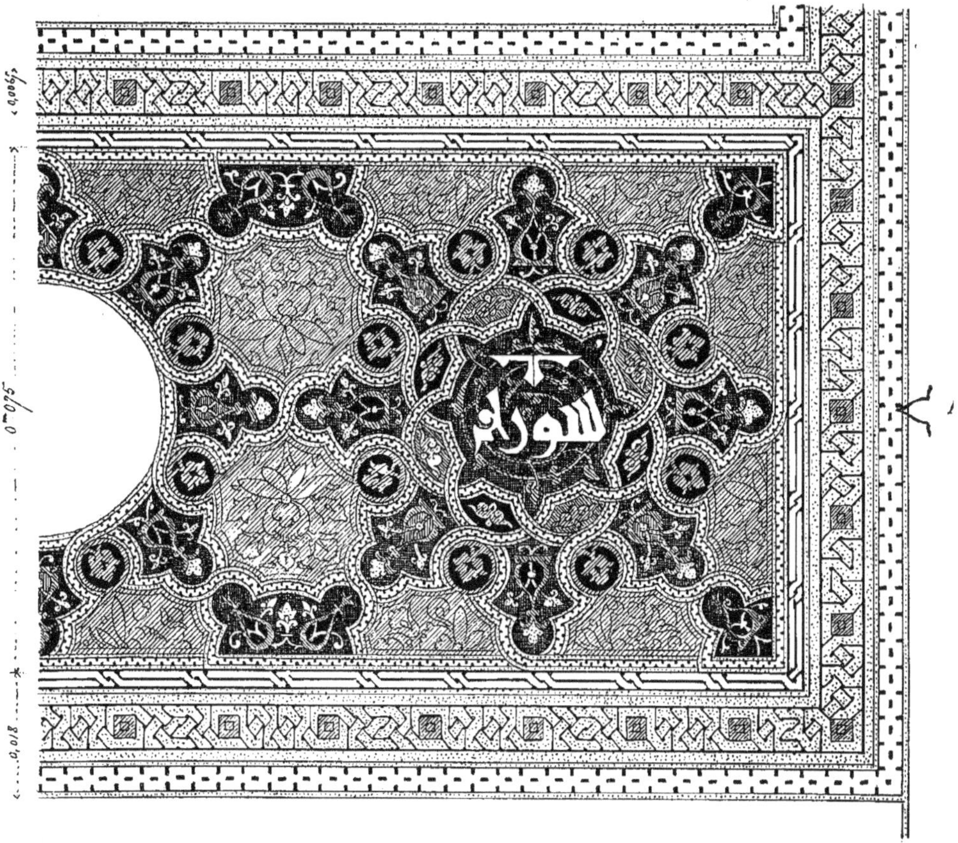

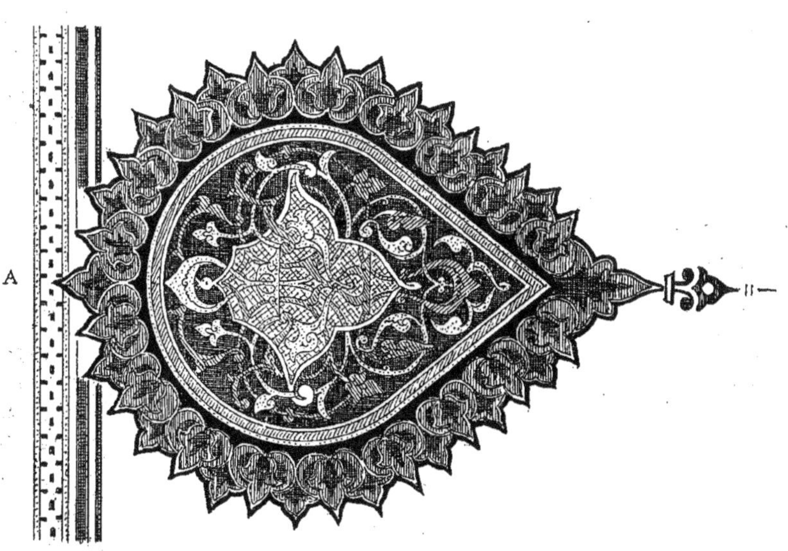

MANUSCRIT. IV. — Planche 10.

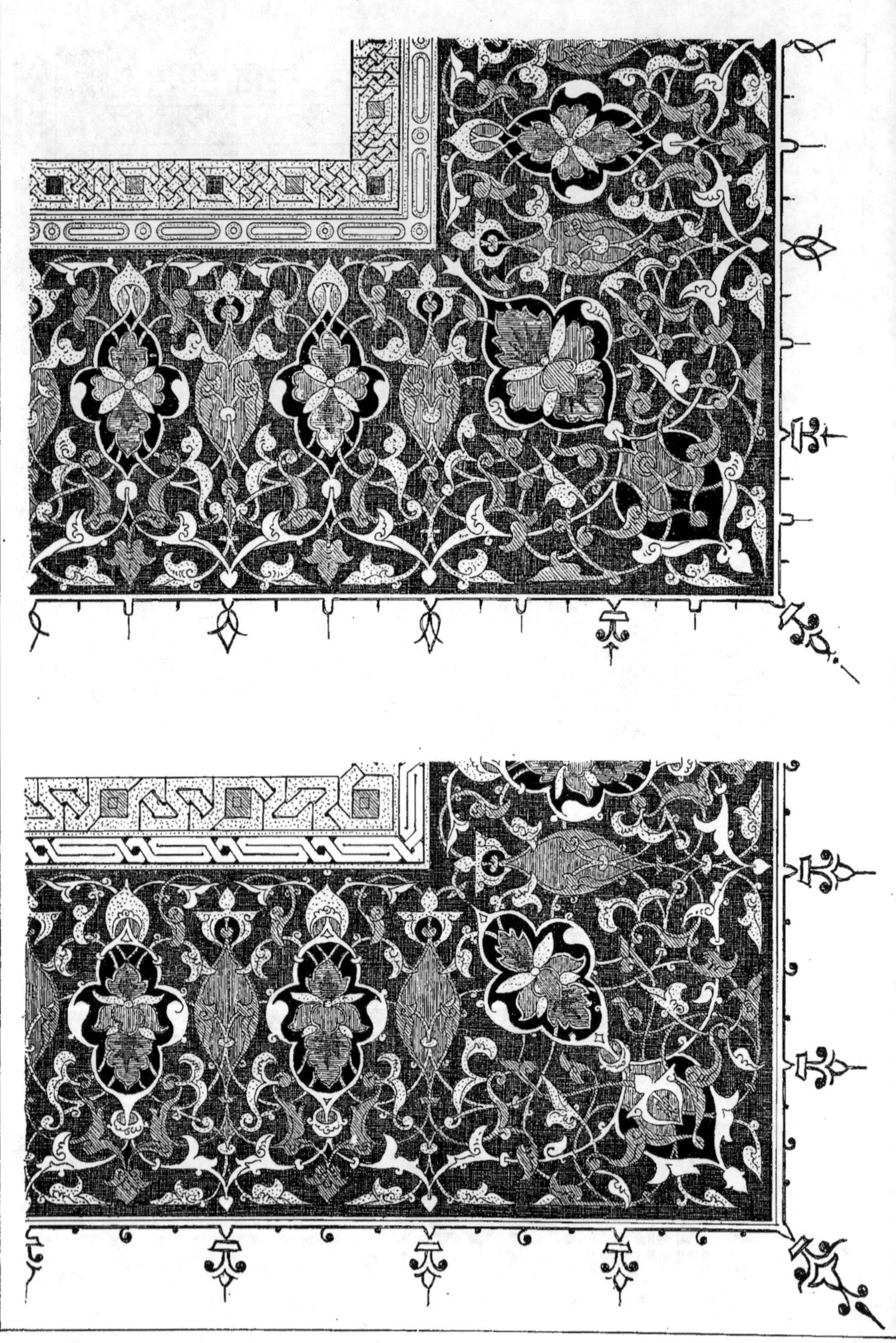

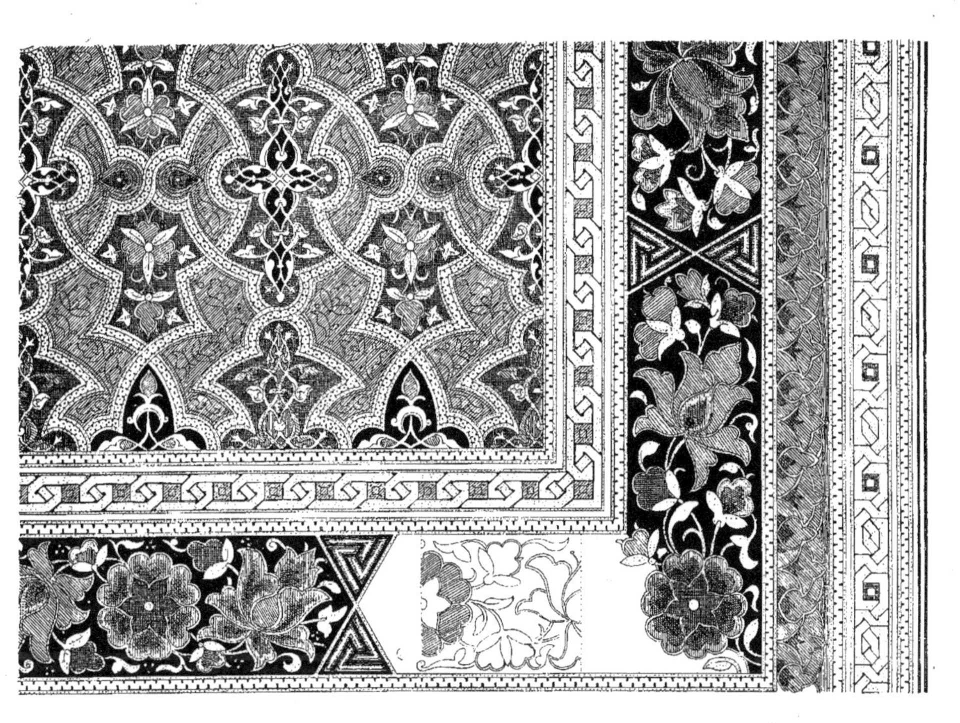

MANUSCRIT.

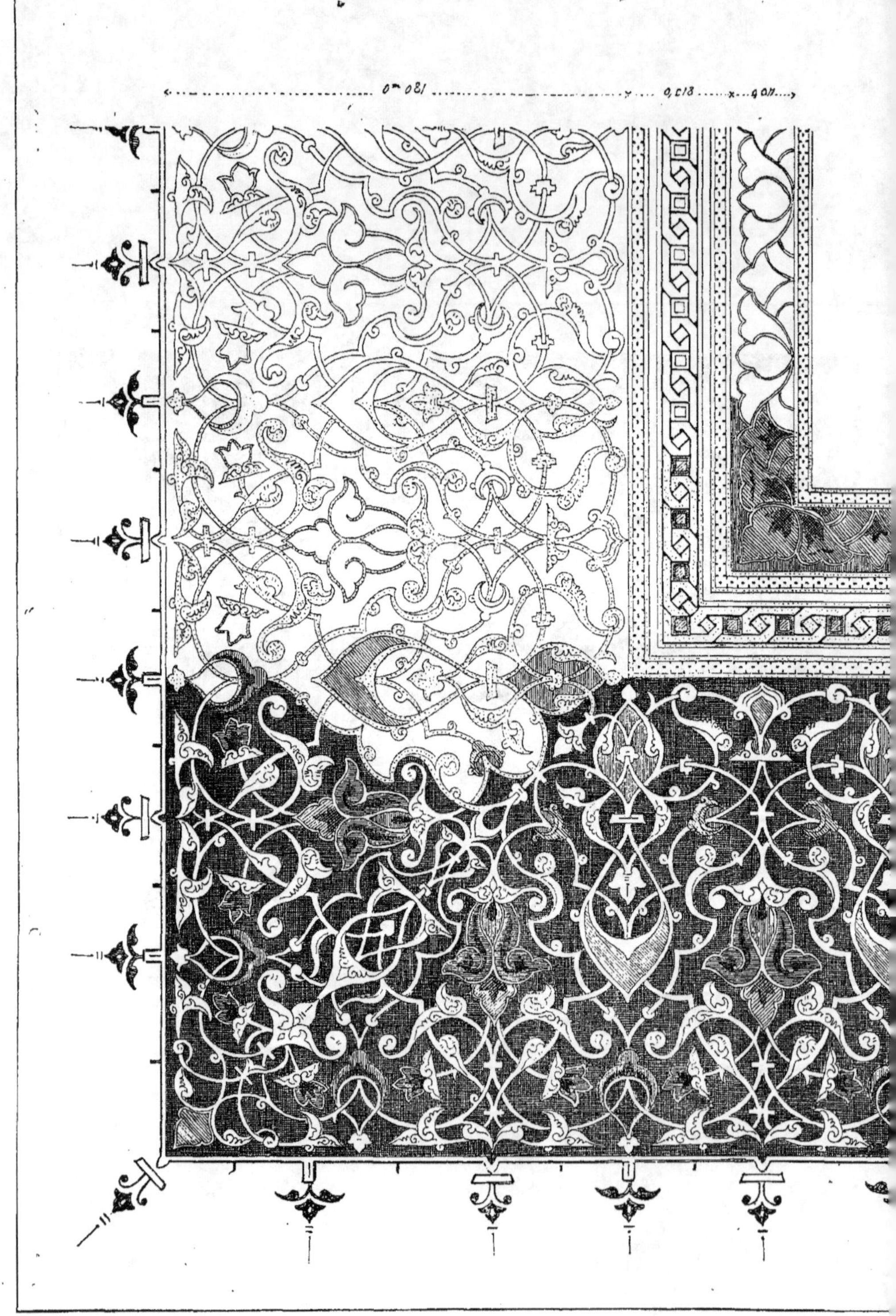

MANUSCRIT. IV. — Planche 13.

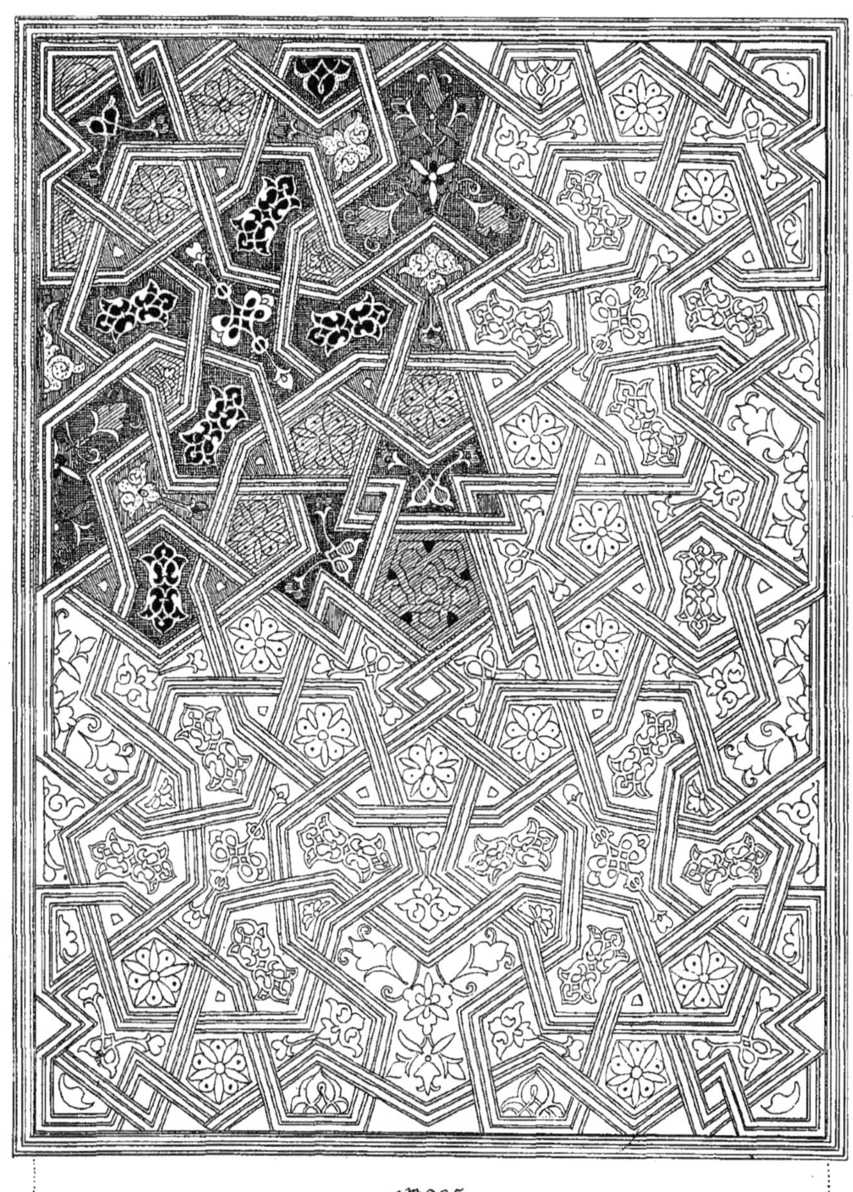
0m 235

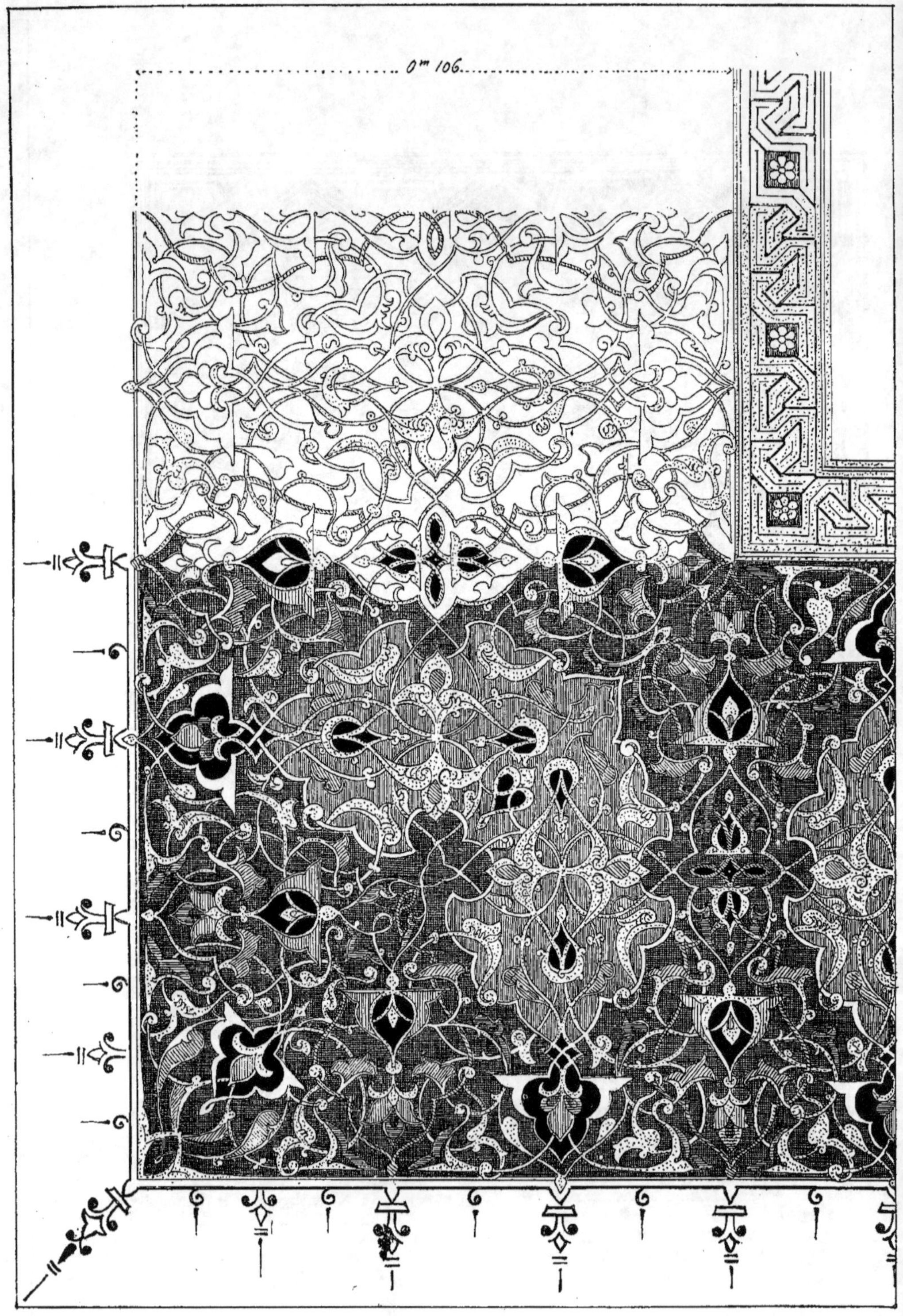

MANUSCRIT.

IV. — Planche 15.

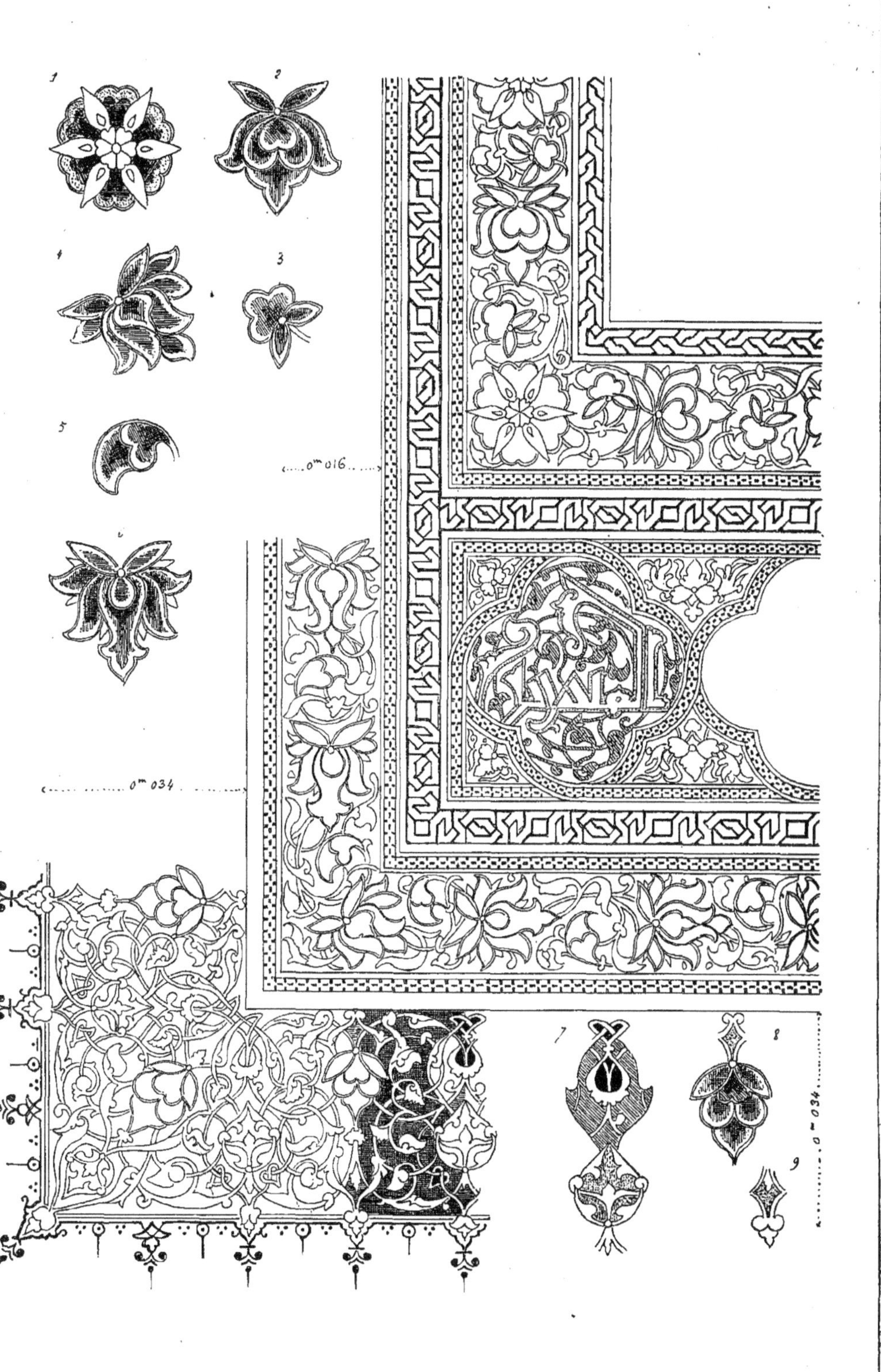
1
2
4
3
5
0m 016
0m 034
7
8
9
0m 034

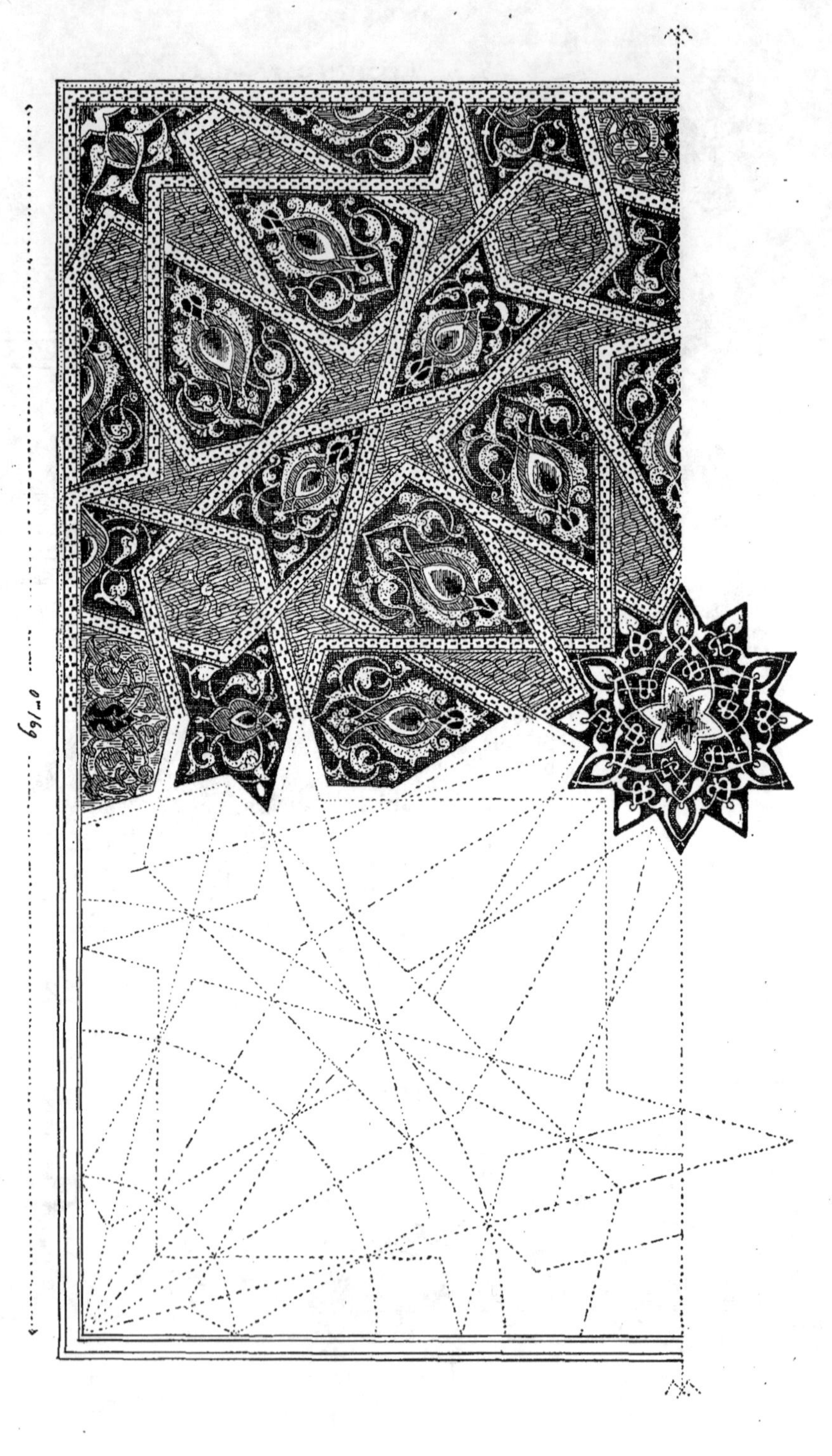

MANUSCRIT.

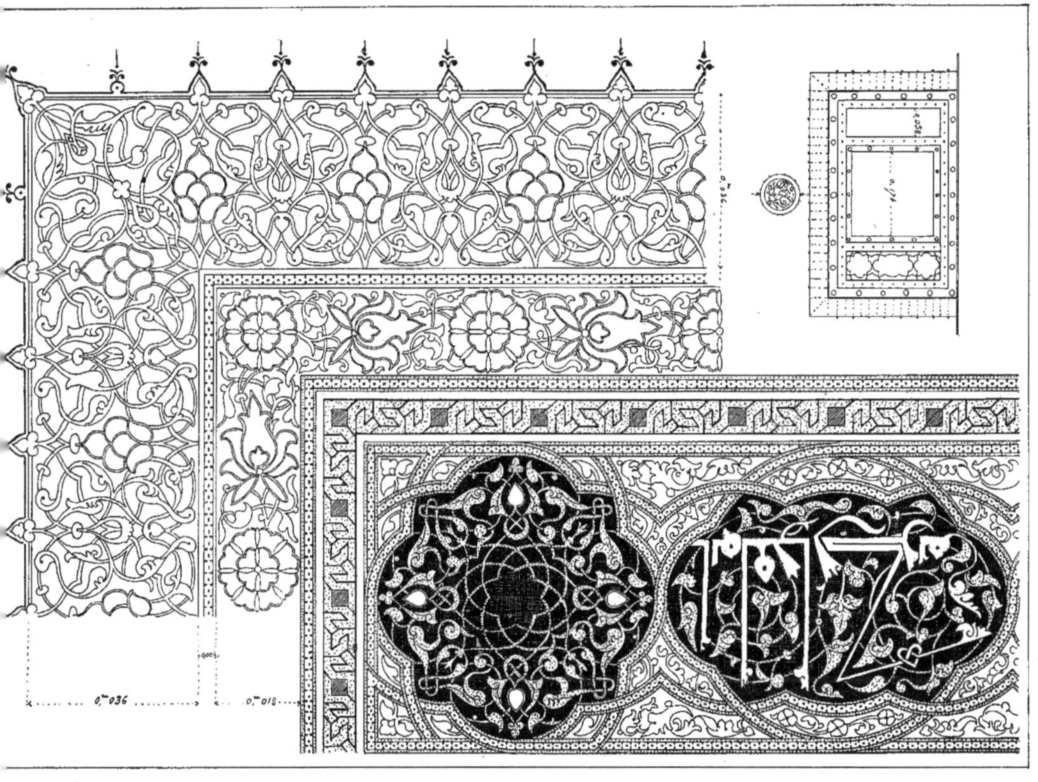

MANUSCRIT.

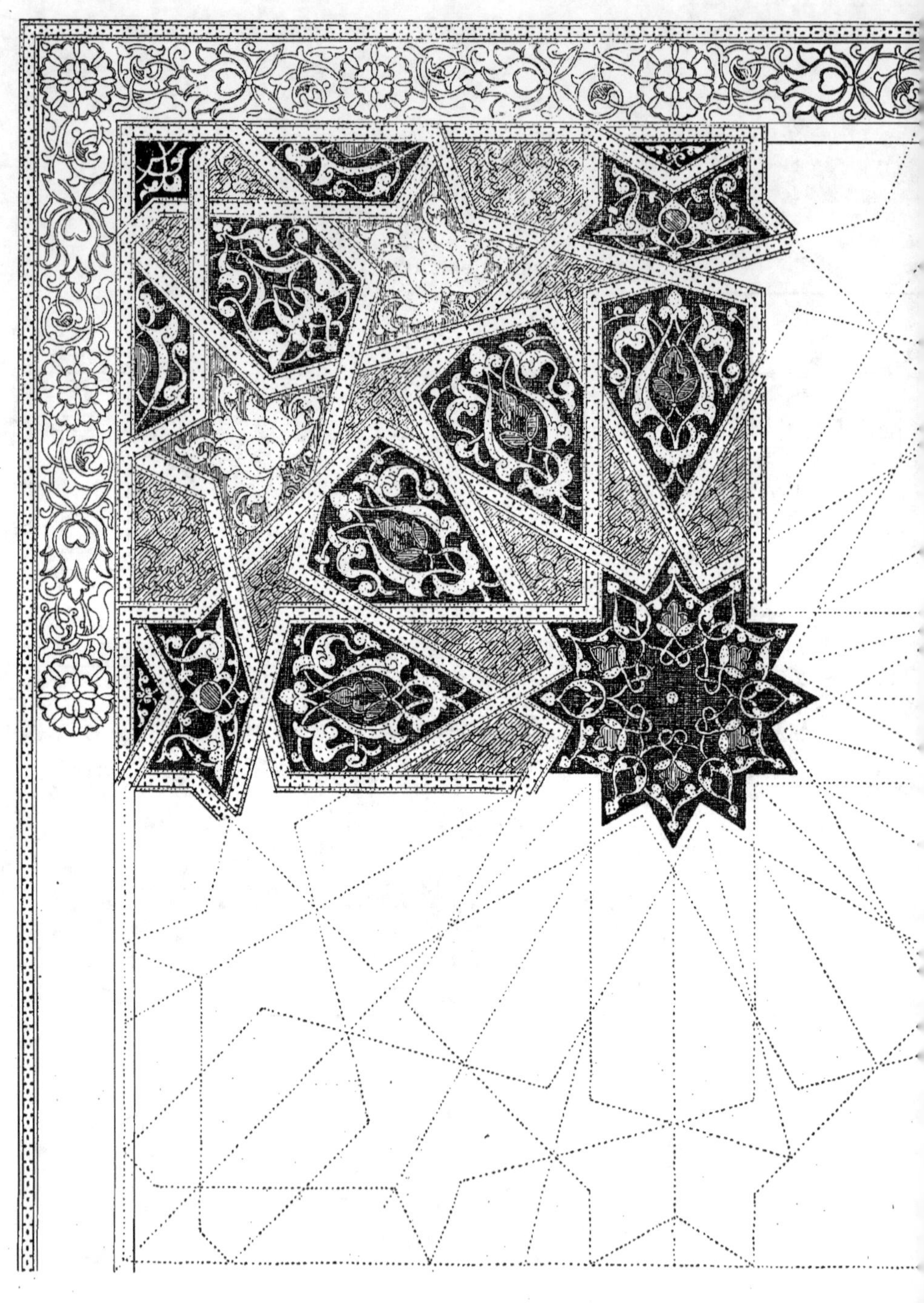

MANUSCRIT.

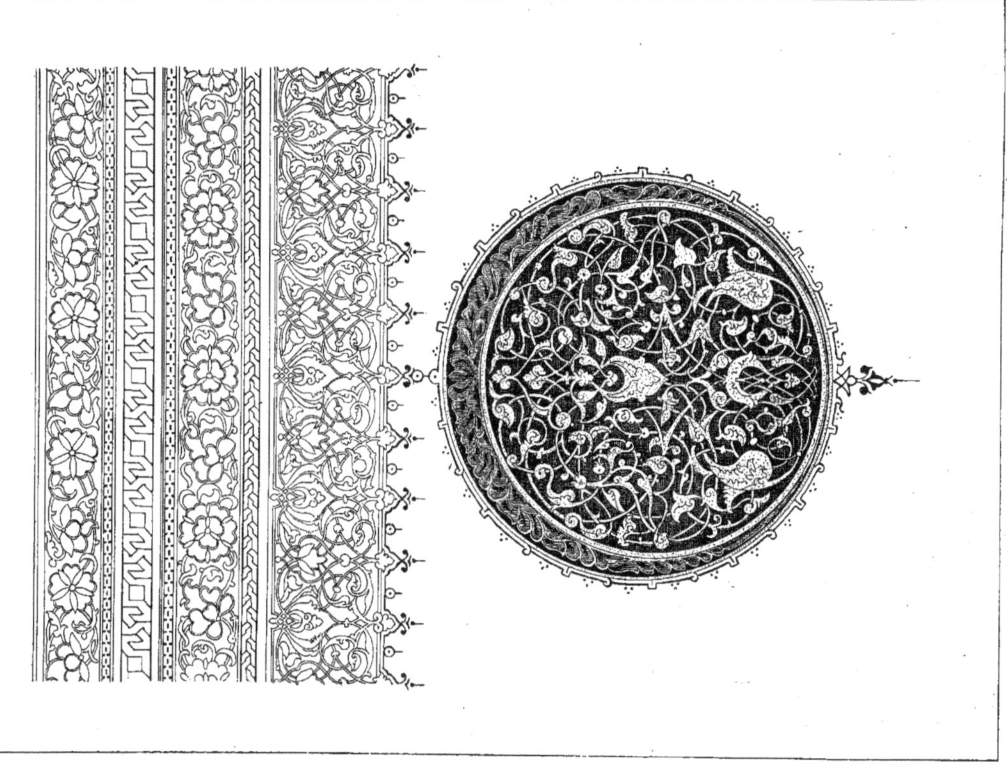

MANUSCRIT.

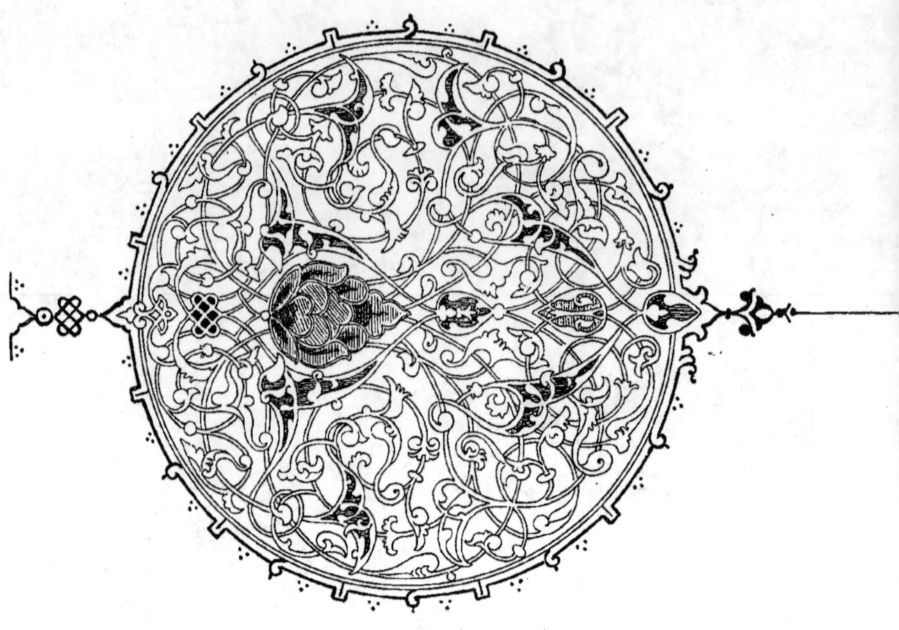

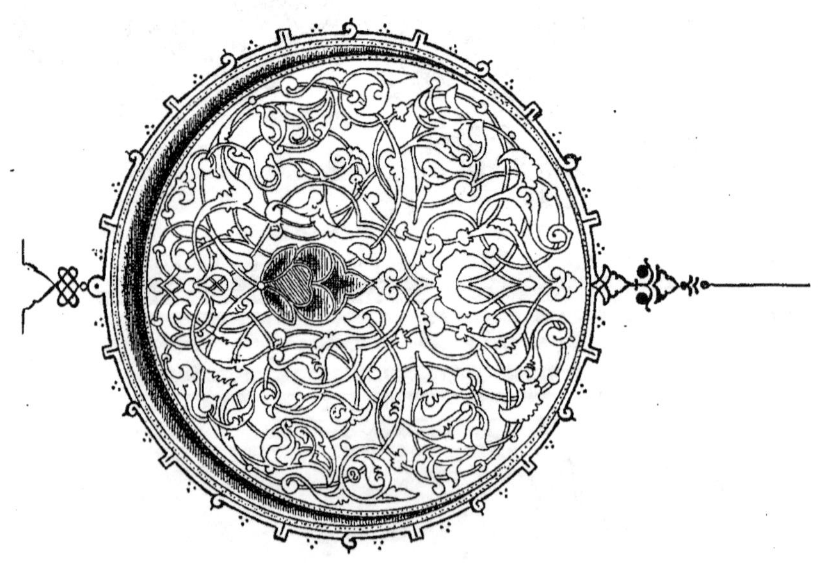

MANUSCRIT.

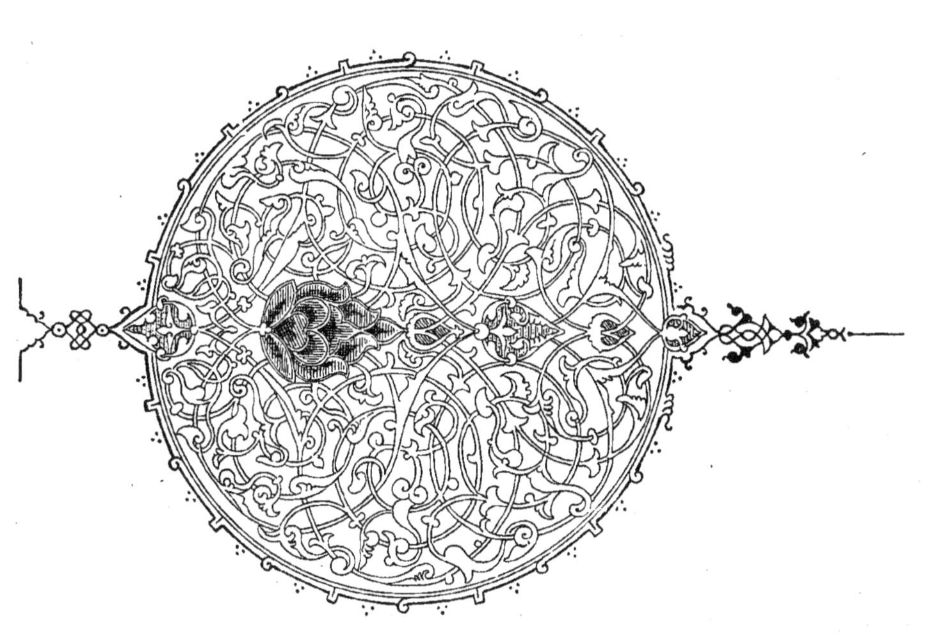

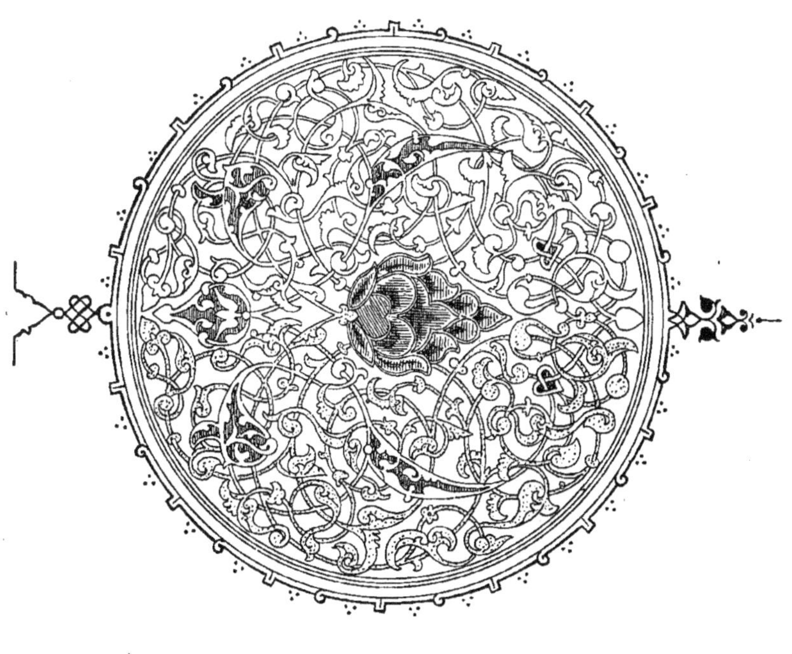

MANUSCRIT.

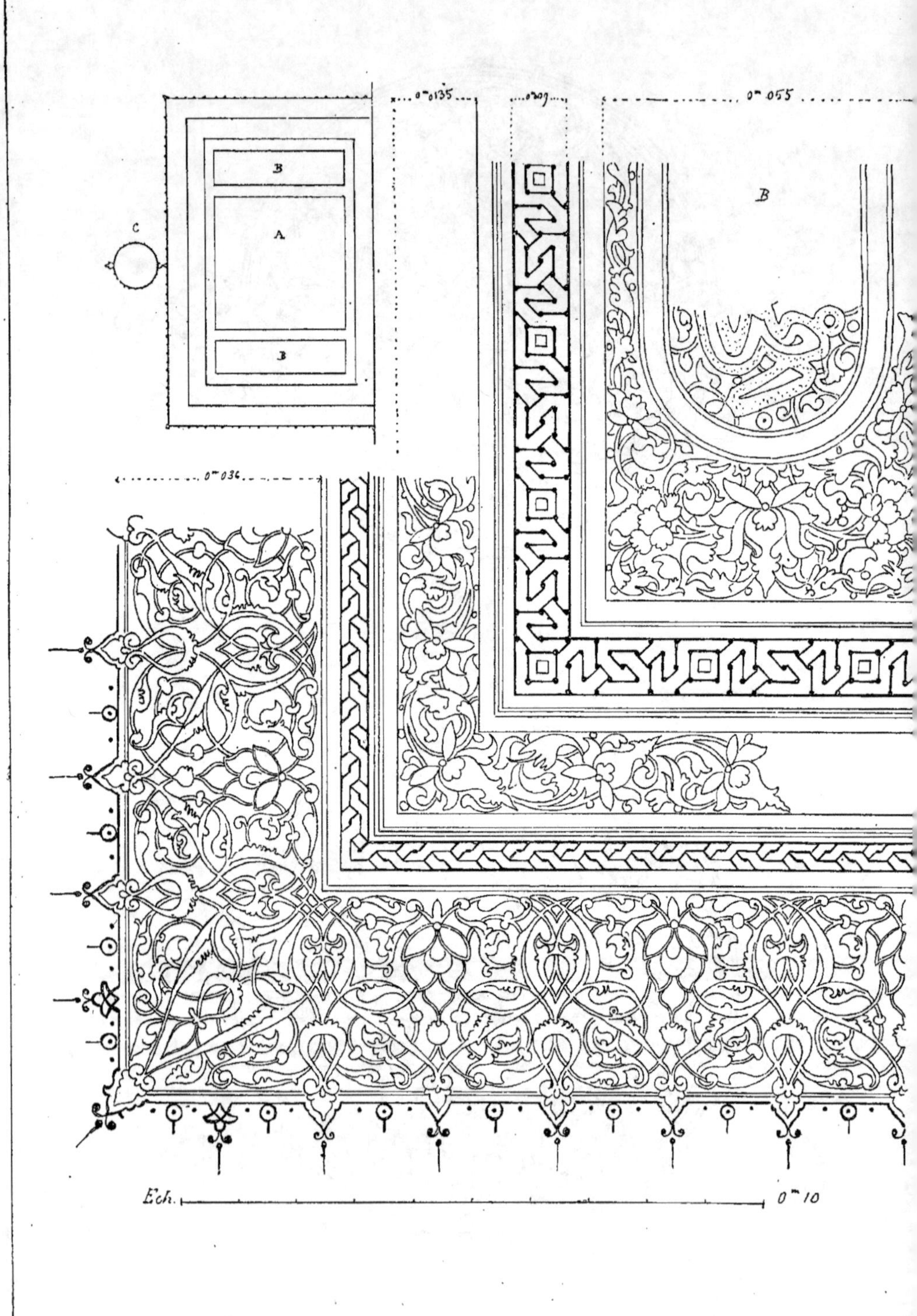
0m 0135
0m 007
0m 055
B
A
B
C
B
0m 036
Éch.
0m 10

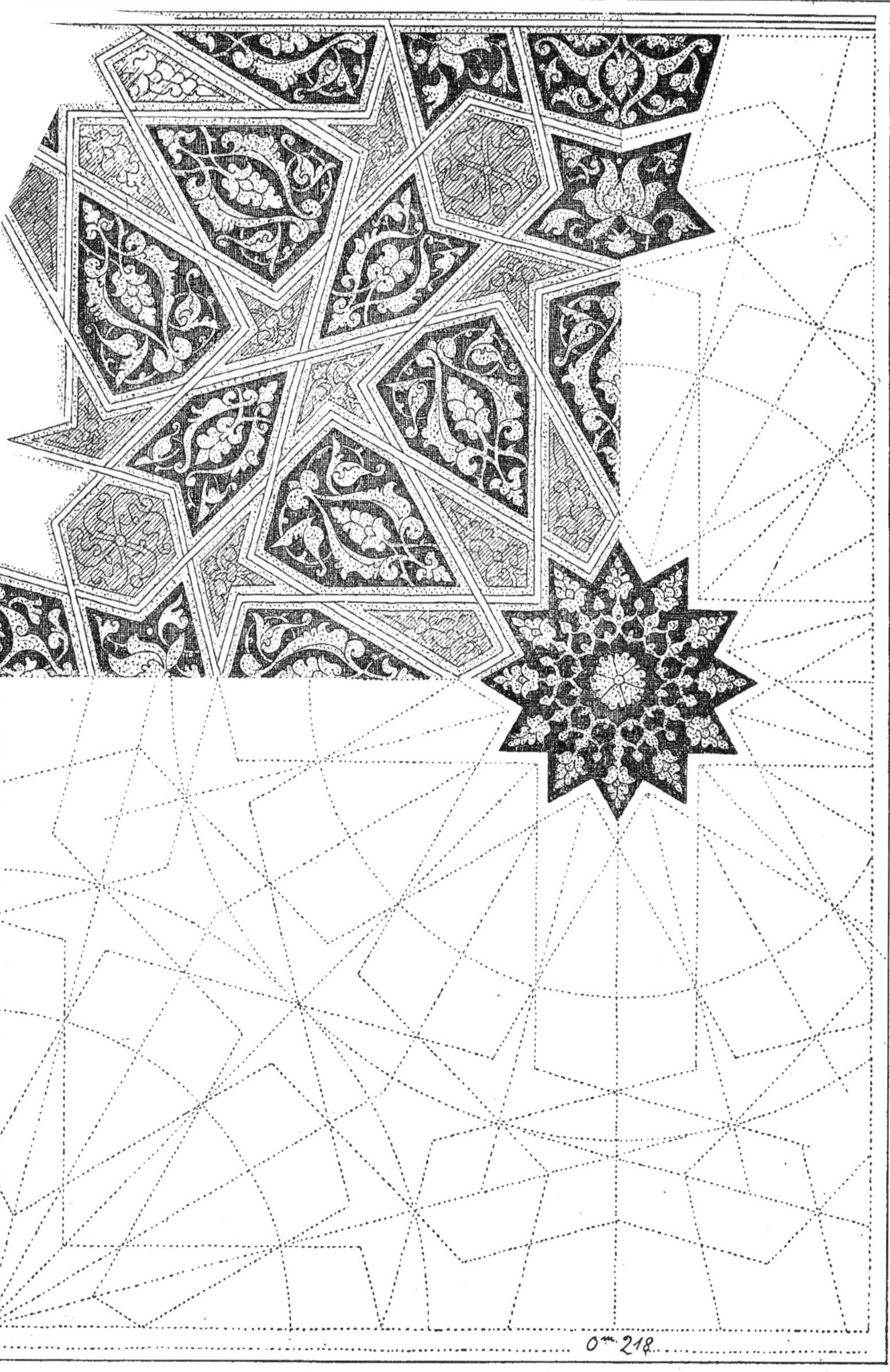

MANUSCRIT.

IV. — Planche 24.

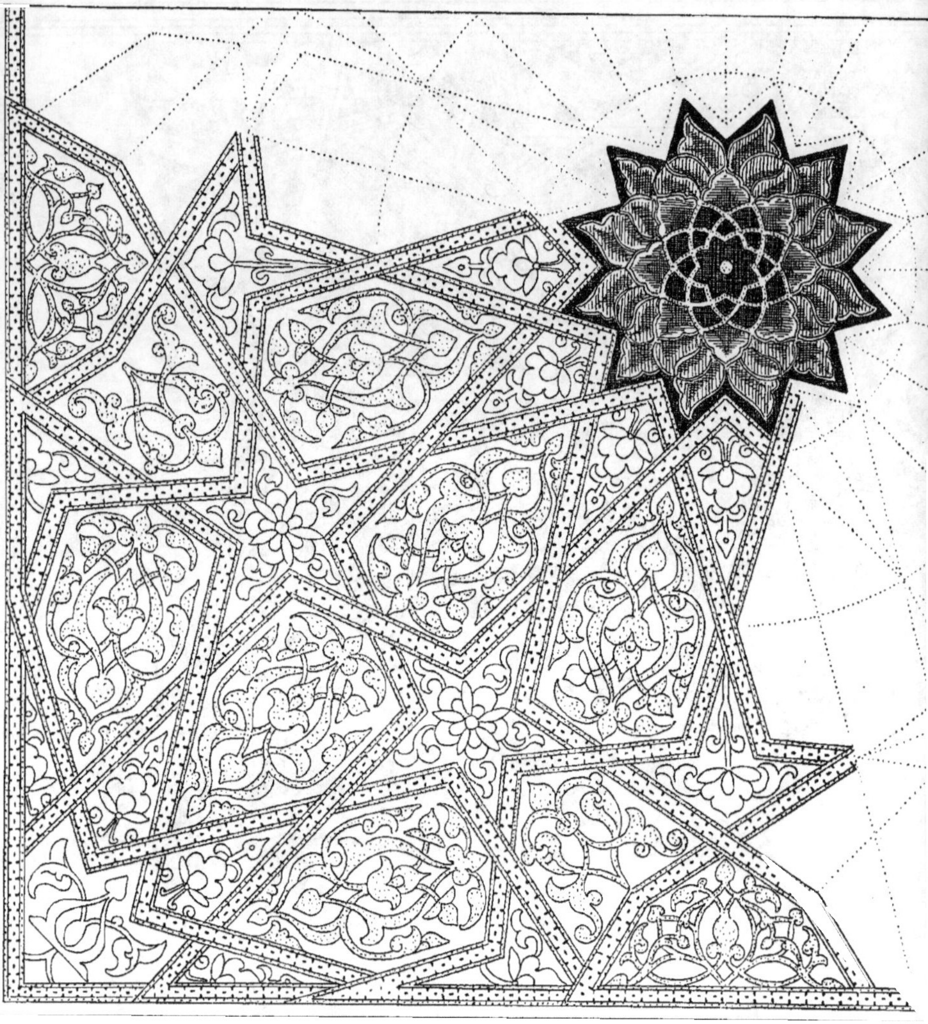

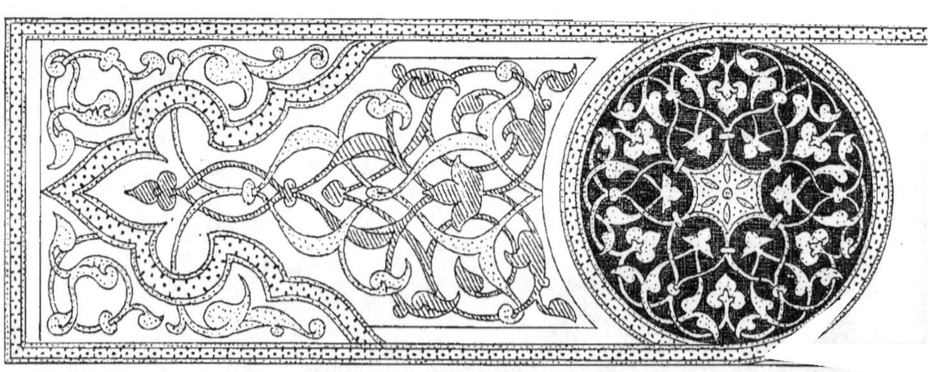

MANUSCRIT.

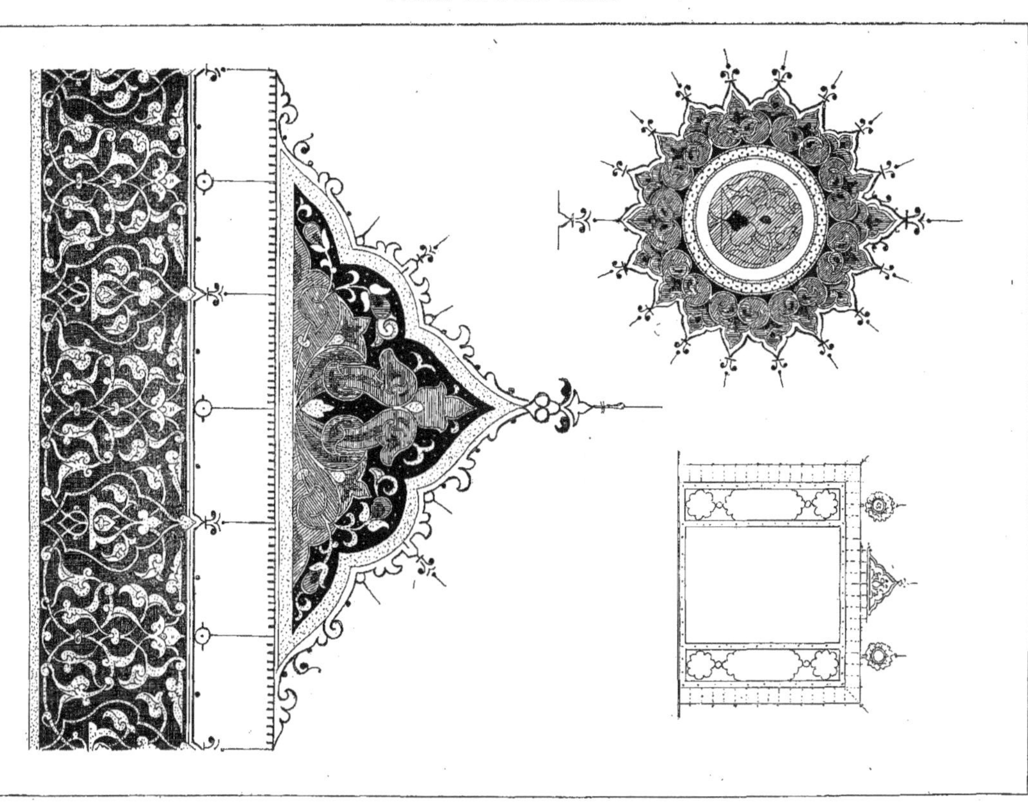

MANUSCRIT.

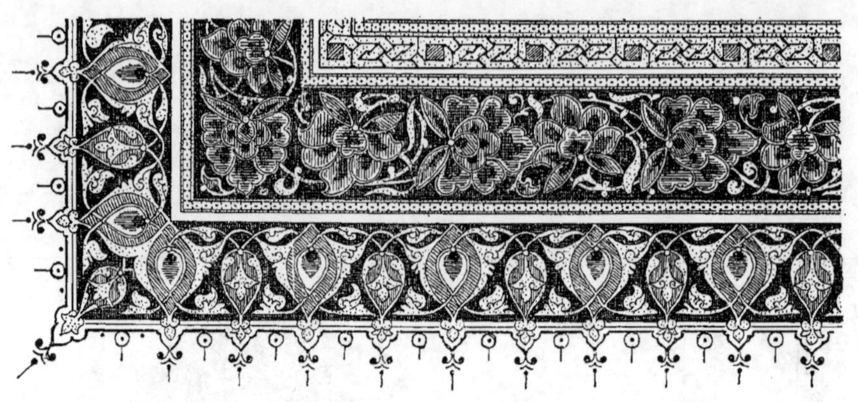

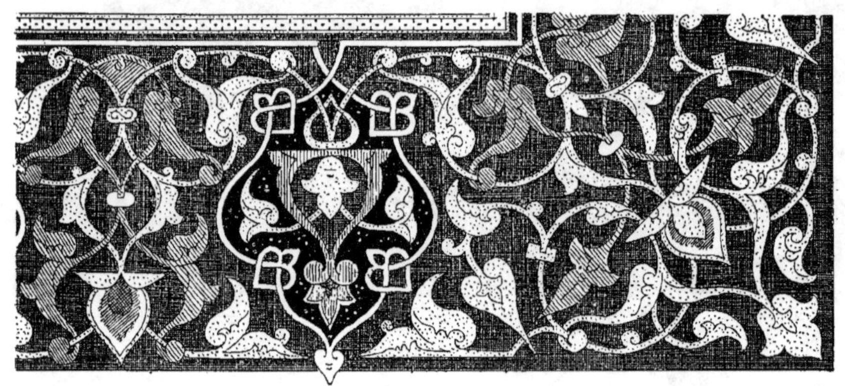

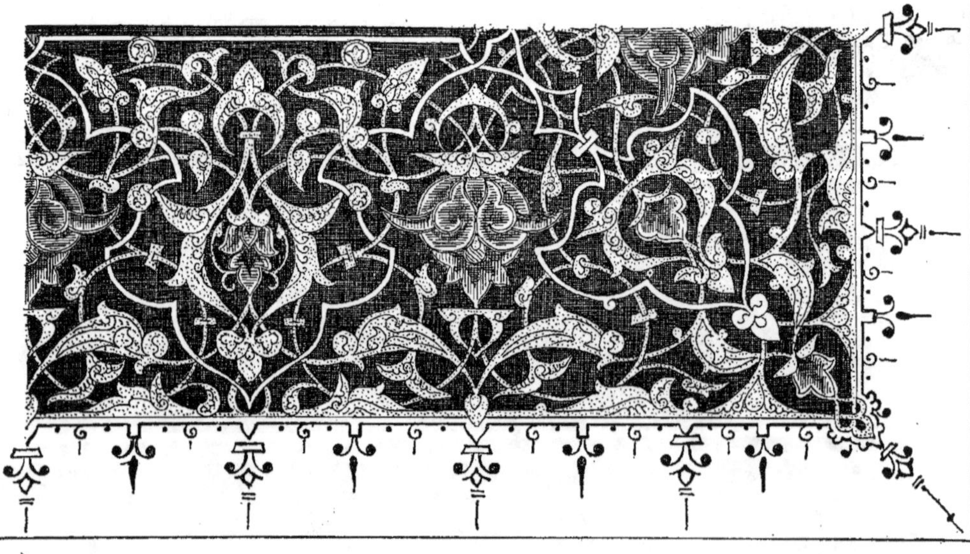

MANUSCRIT.

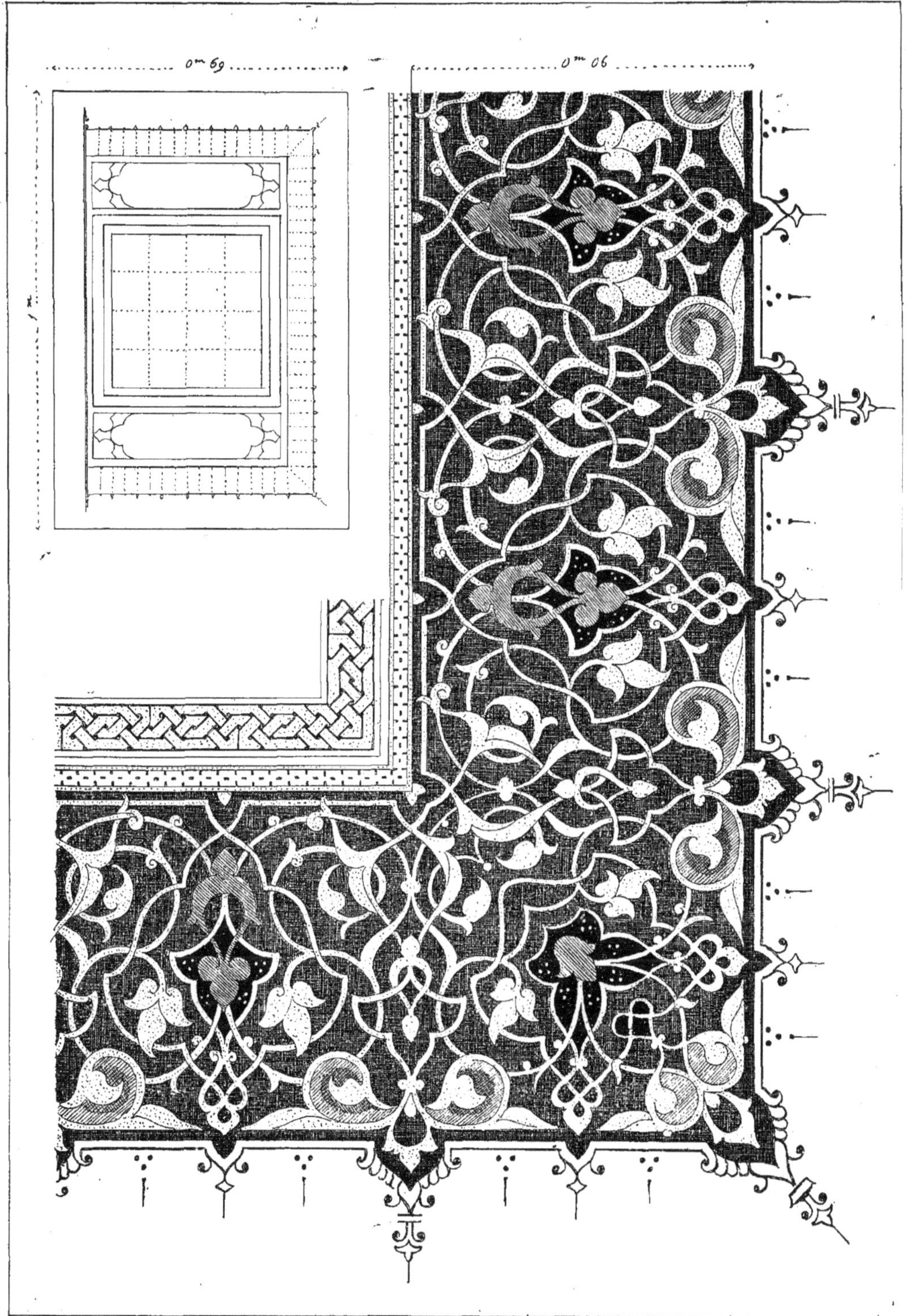

MANUSCRIT.

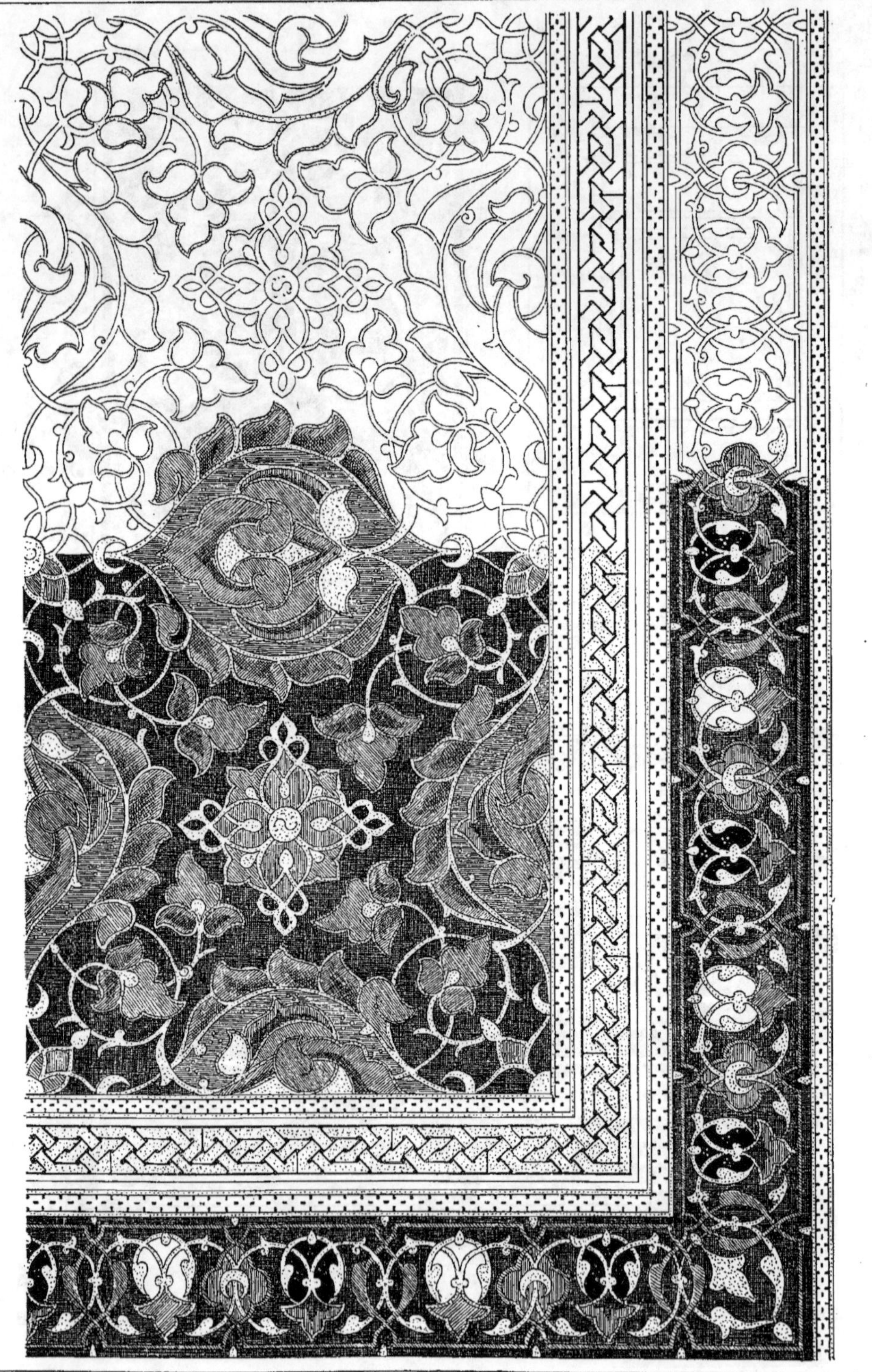

MANUSCRIT. IV. — Planche 29.

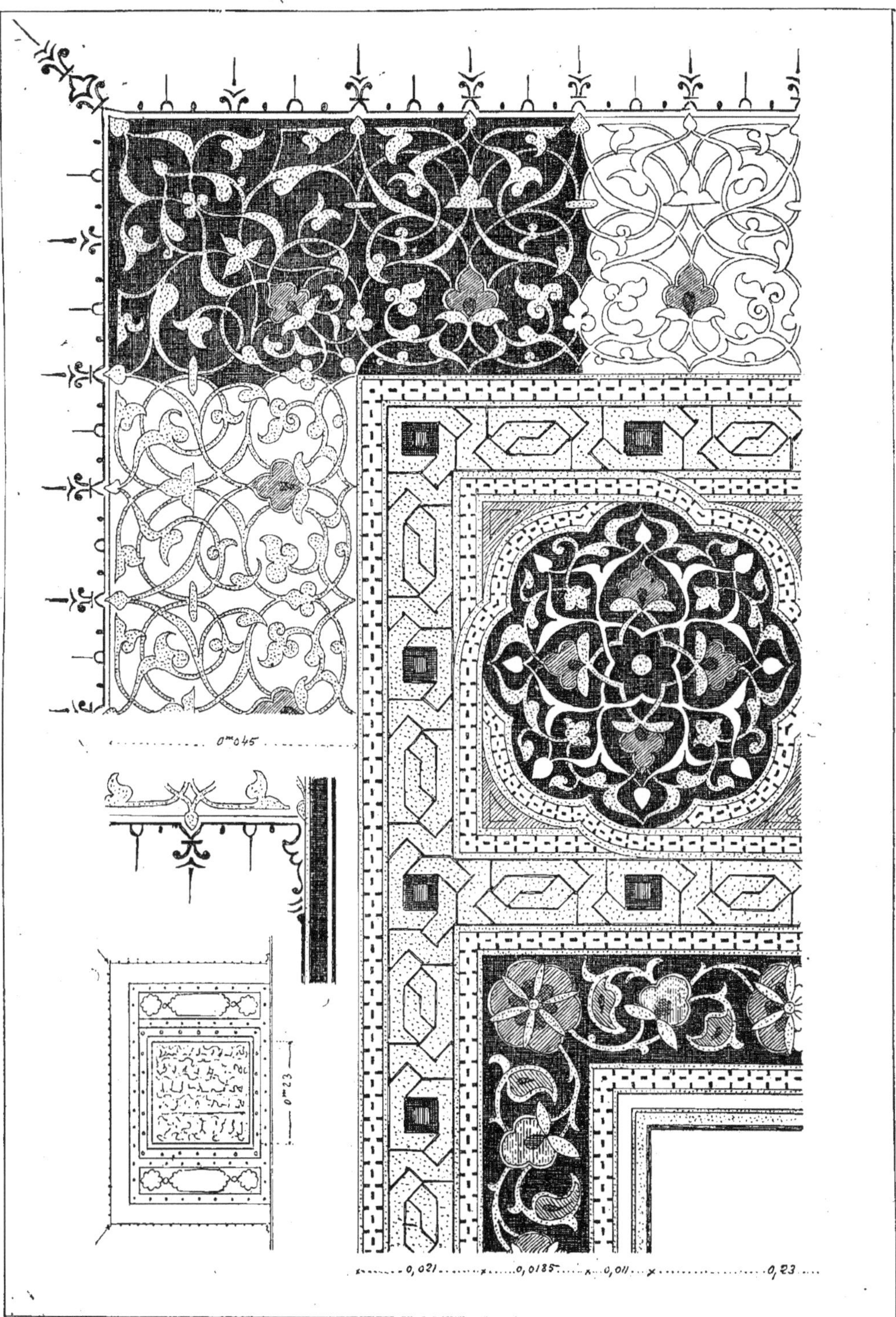

MANUSCRIT.

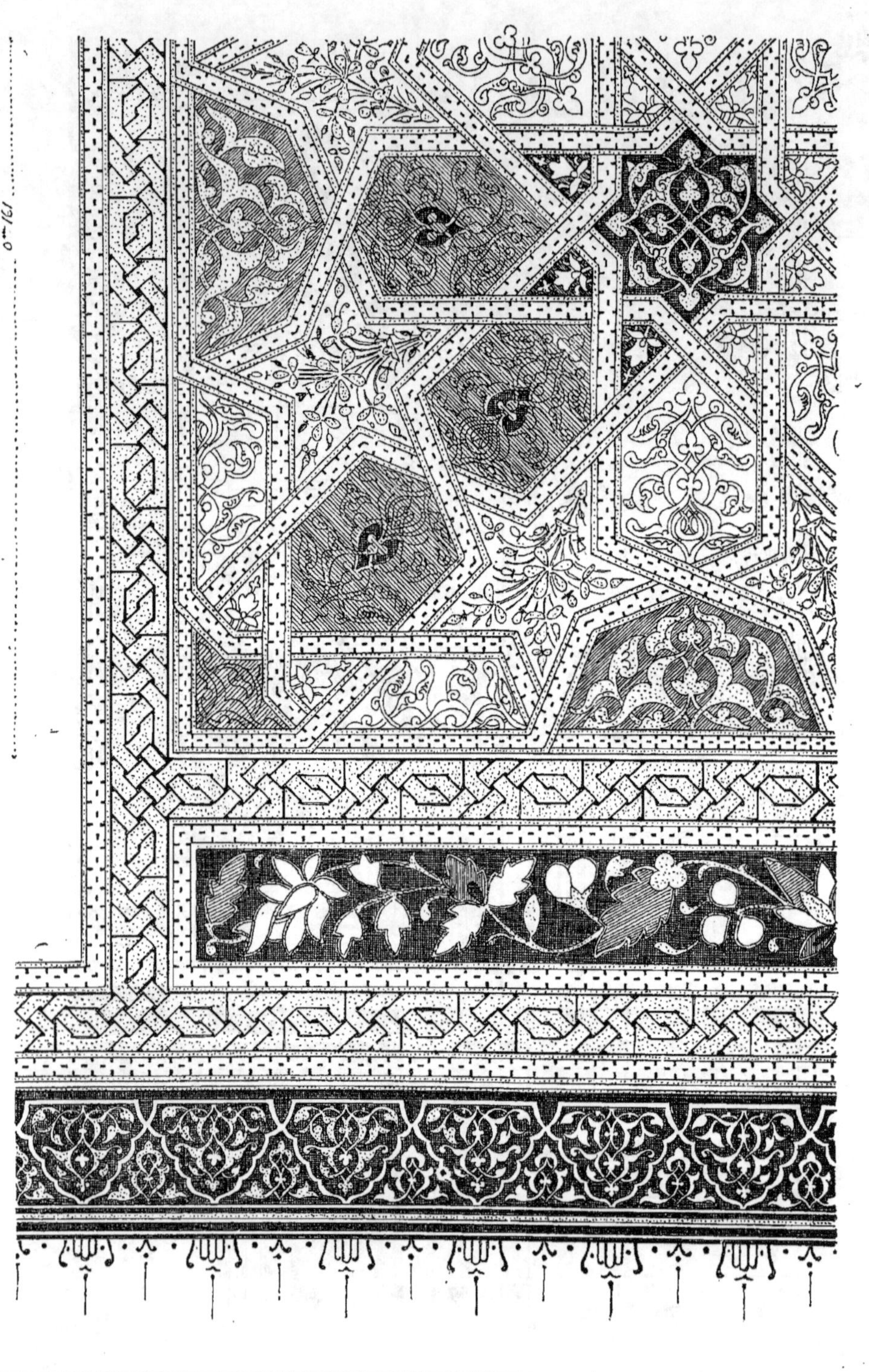

MANUSCRIT. IV. — Planche 31.

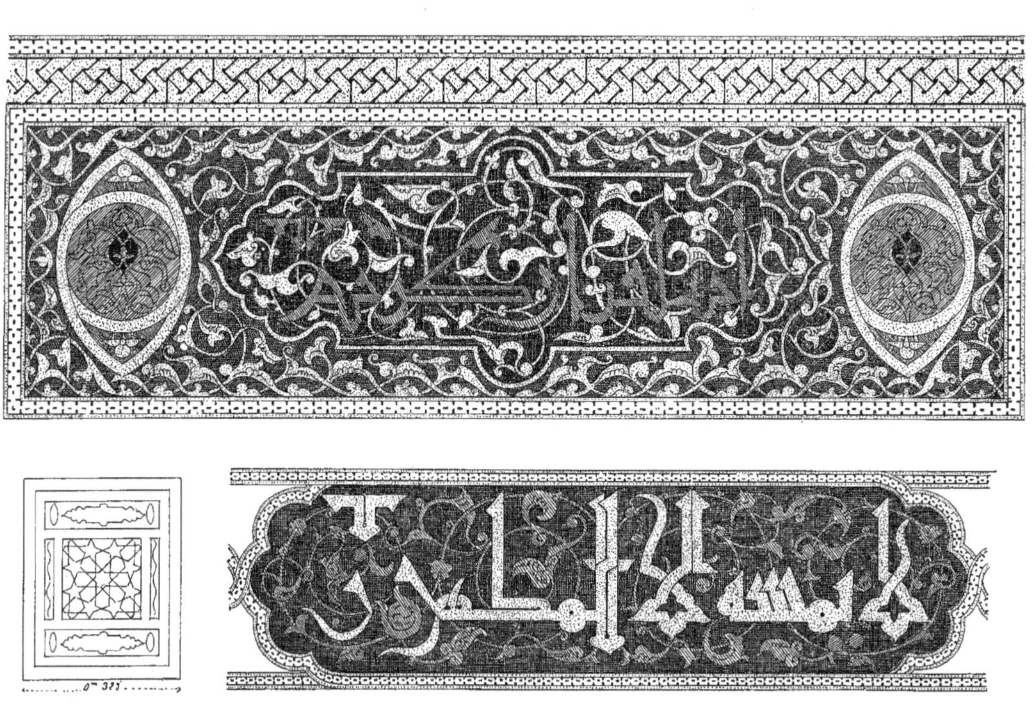

MANUSCRIT.

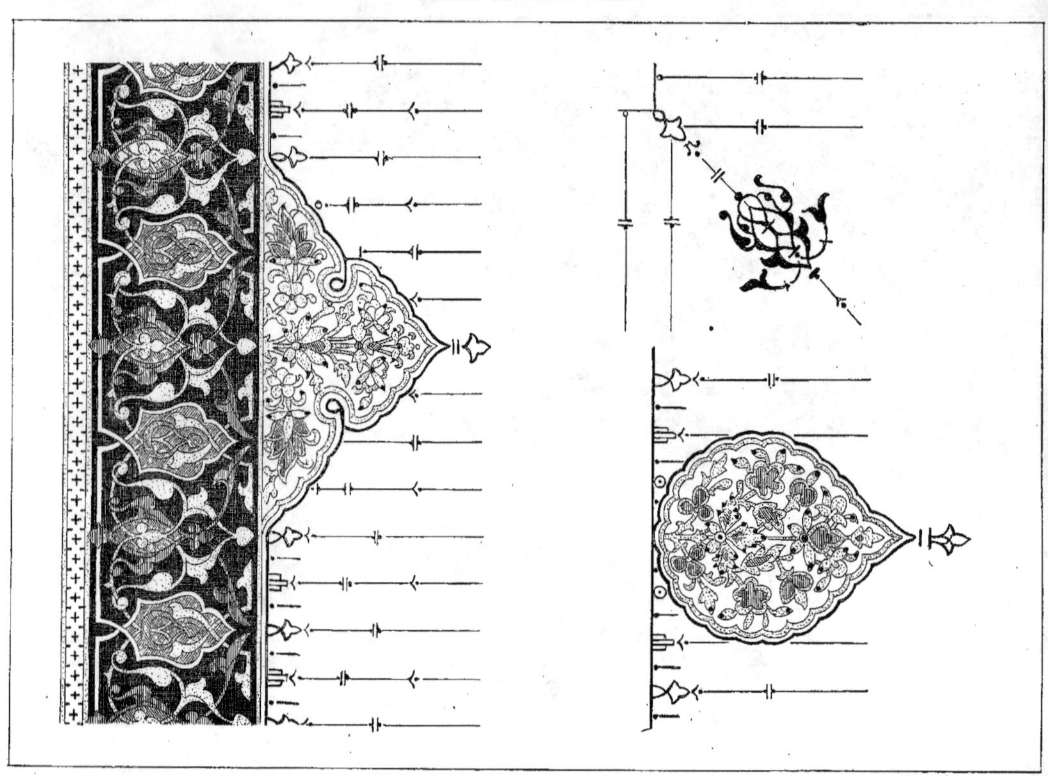

MANUSCRIT.

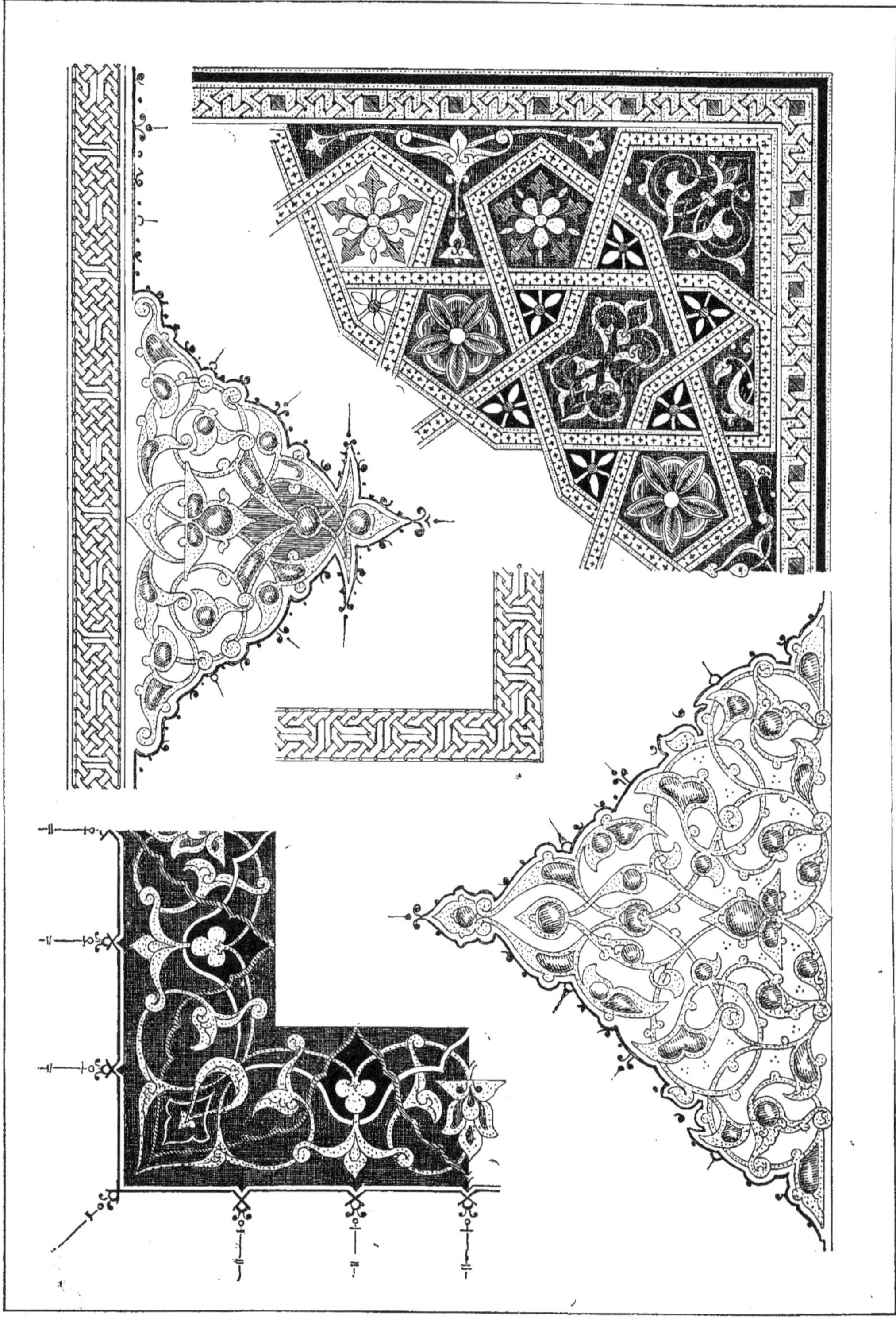

MANUSCRIT. IV. — Planche 34.

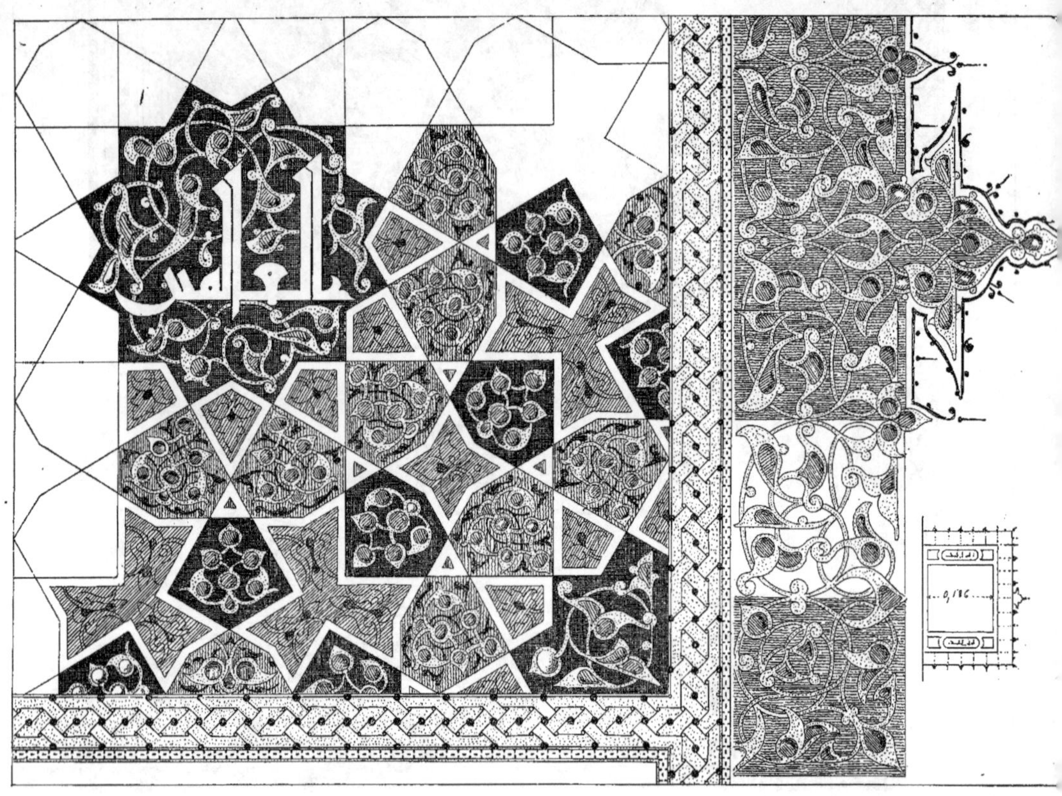

MANUSCRIT.

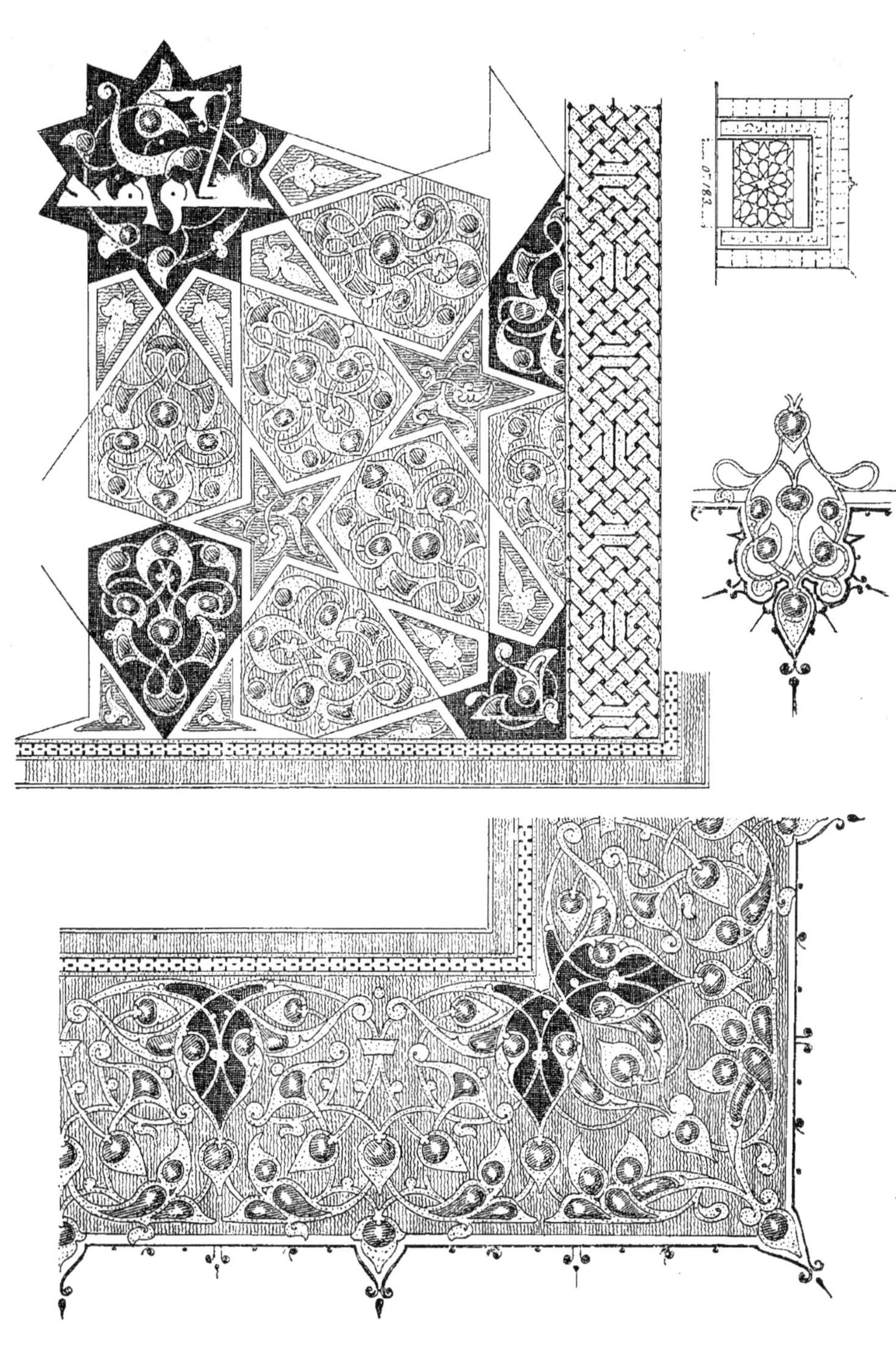

MANUSCRIT.

IV. — Planche 36.

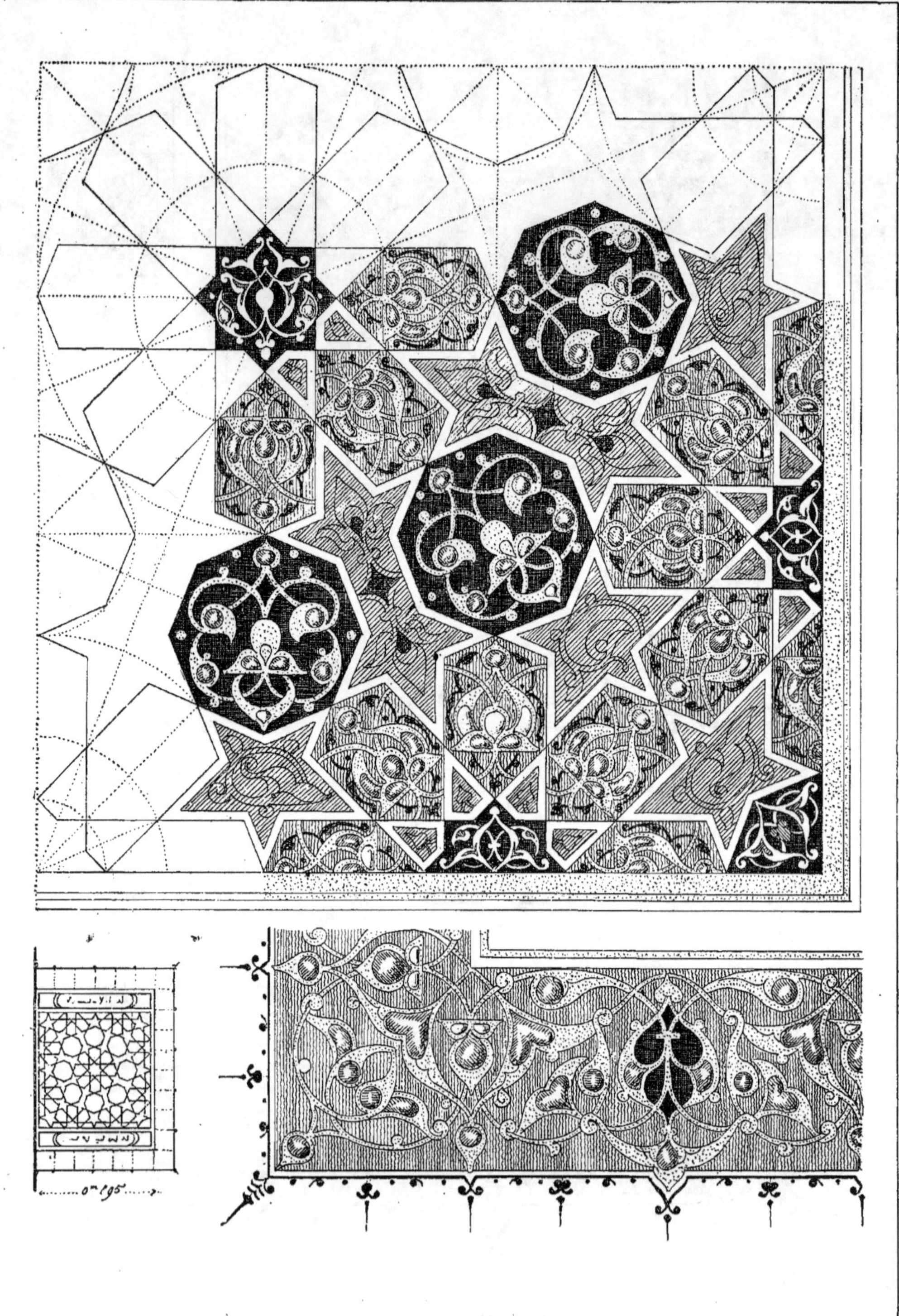

MANUSCRIT.

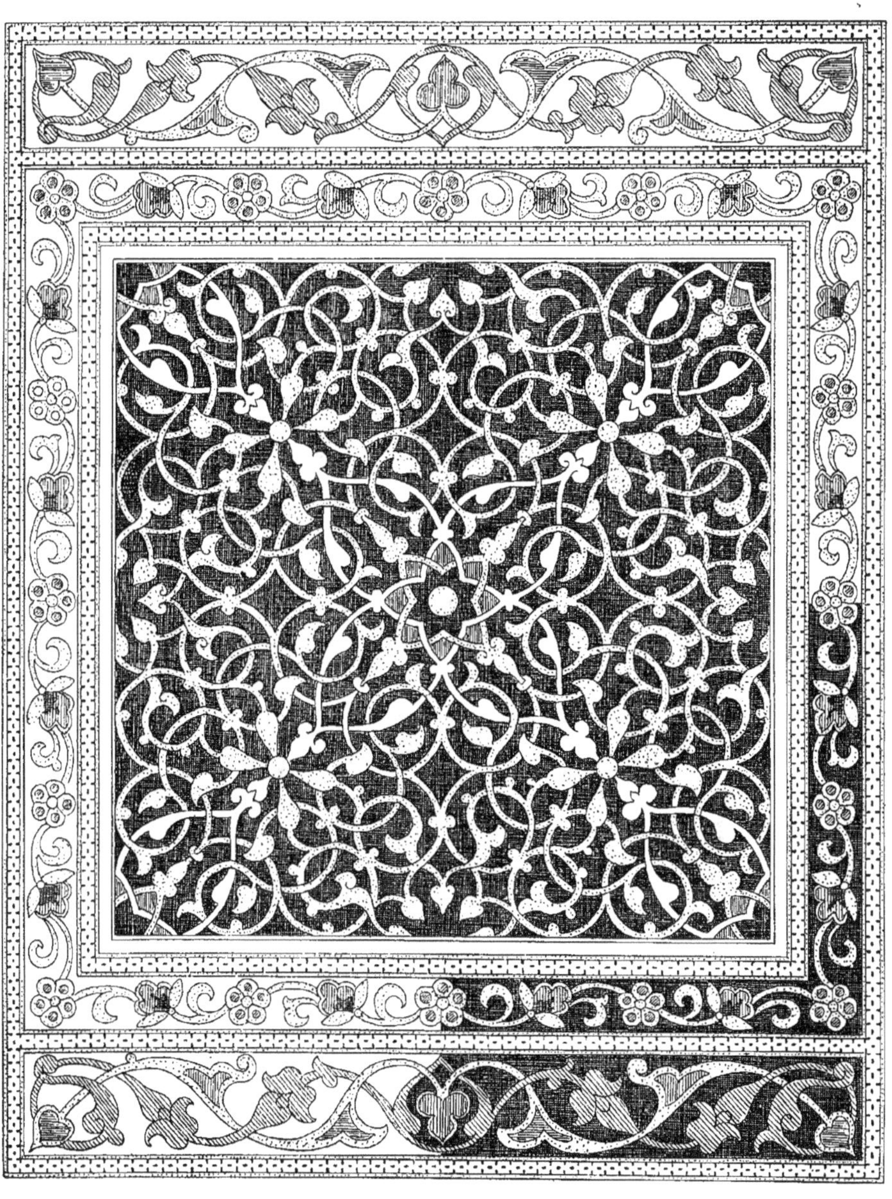

MANUSCRIT.

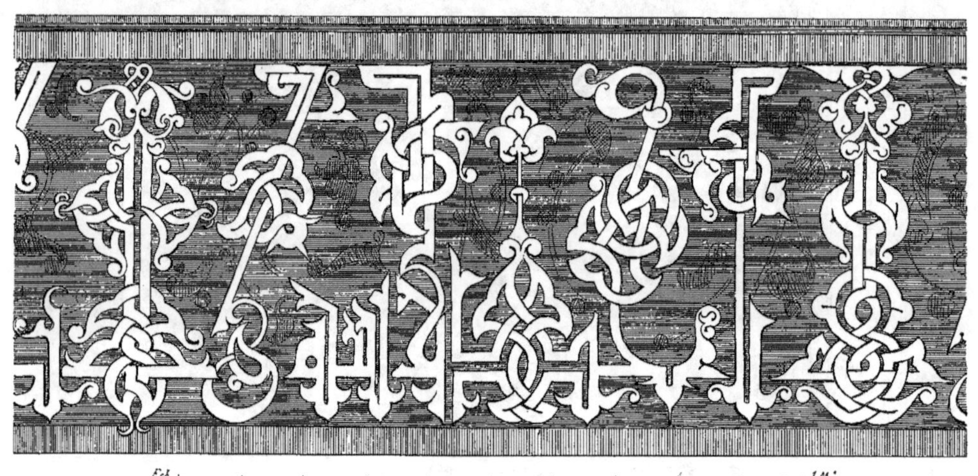
Ech
1M.

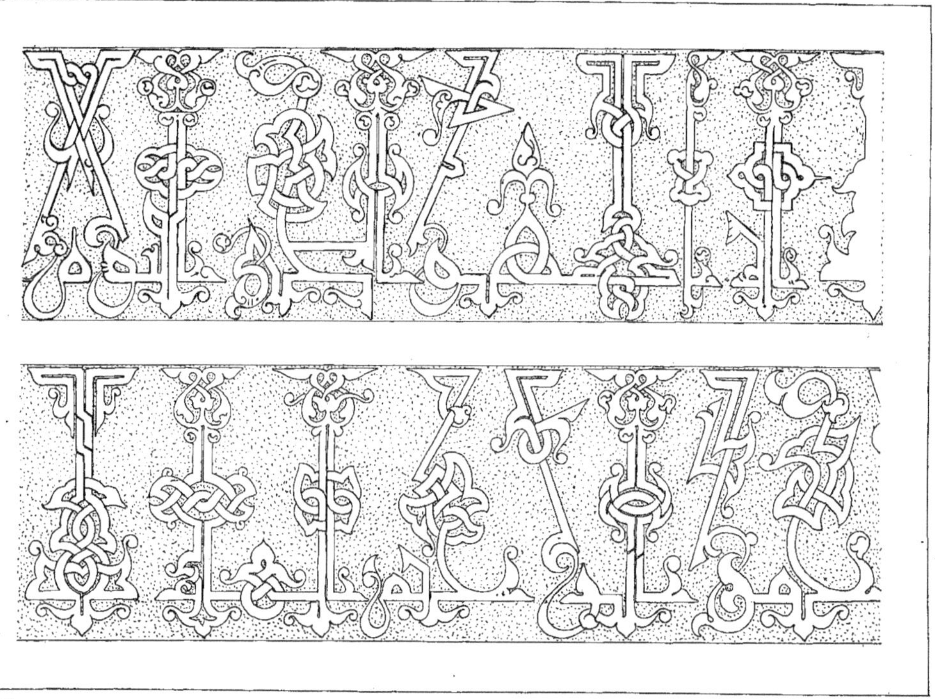

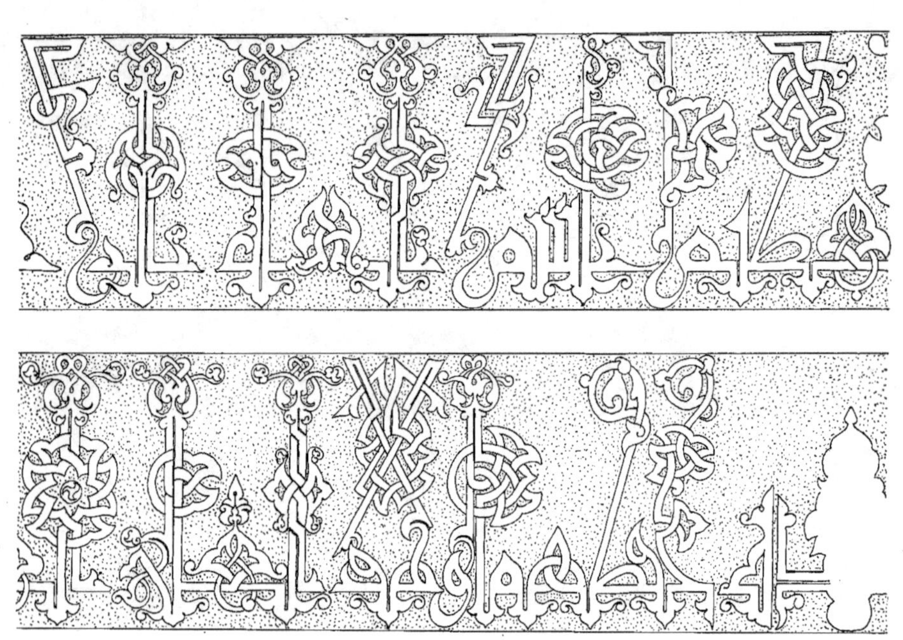

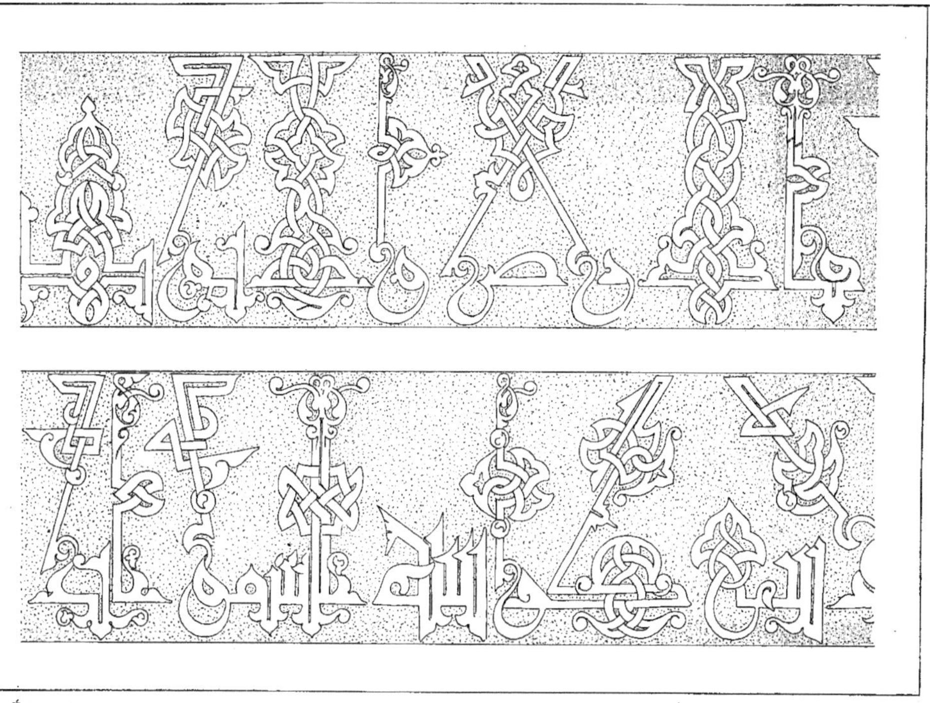

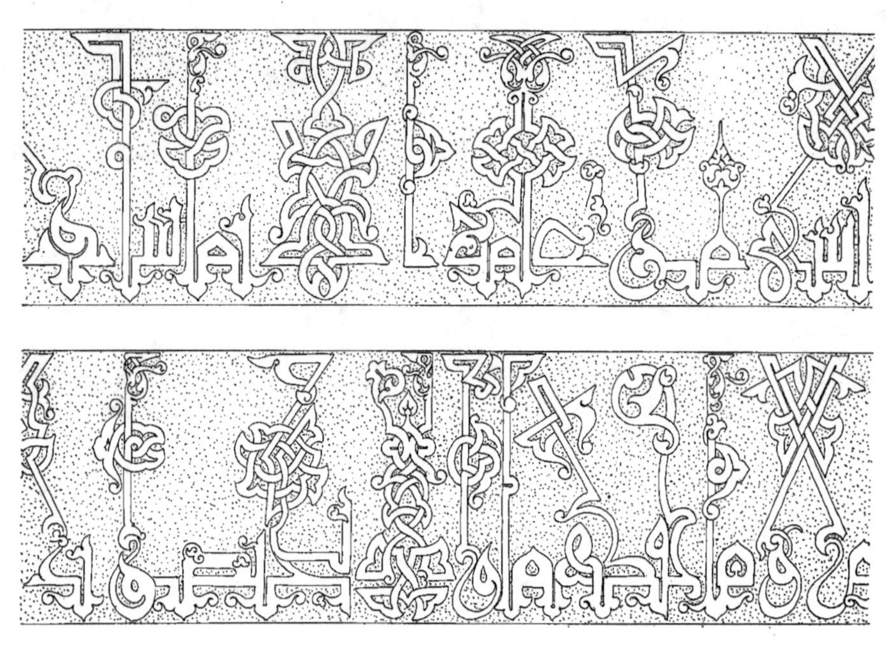

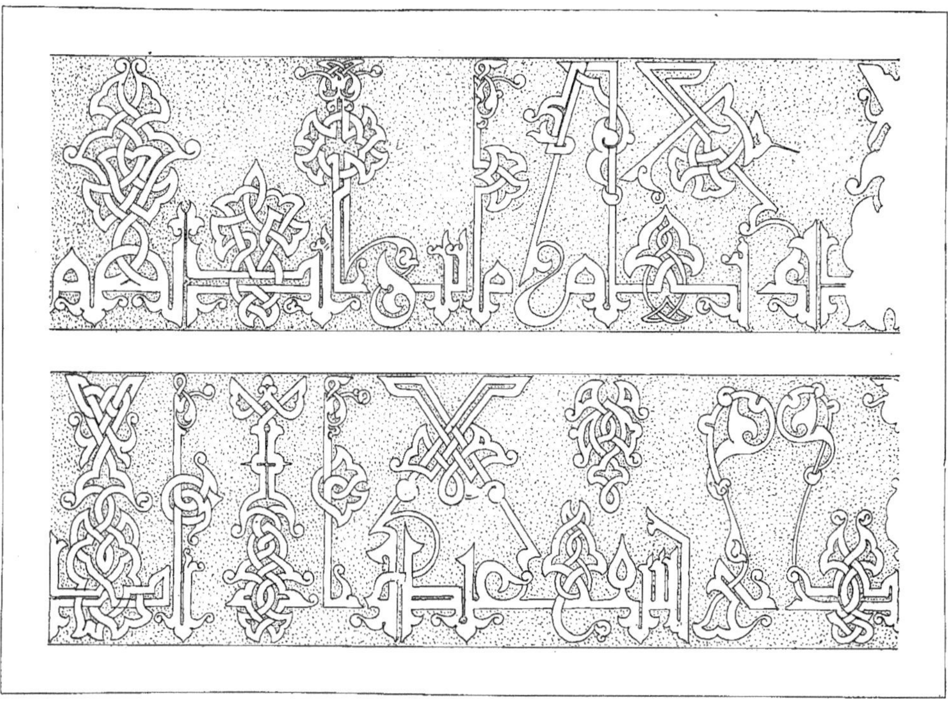

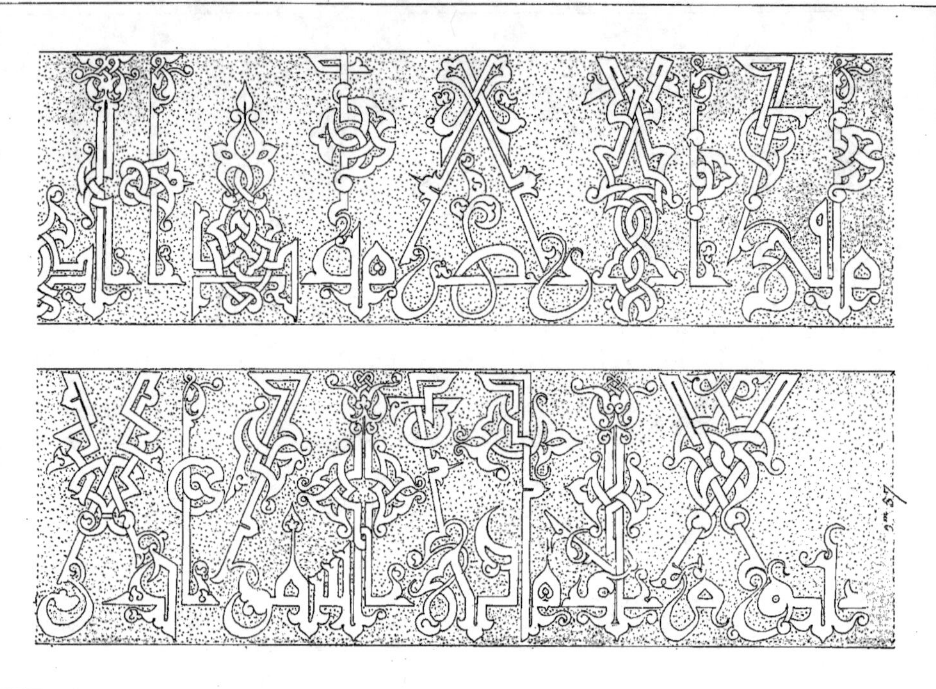

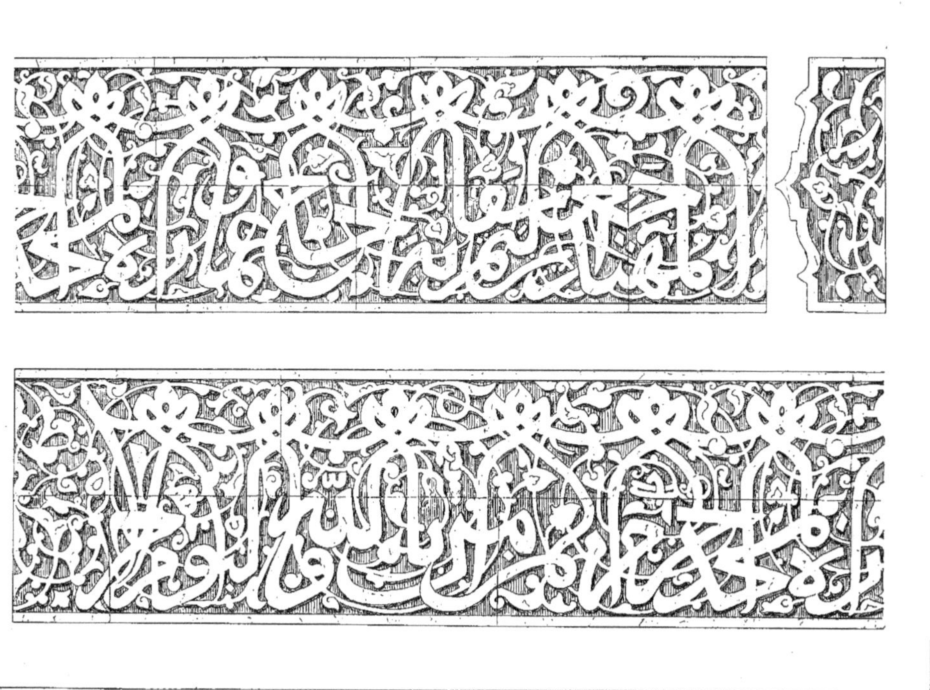

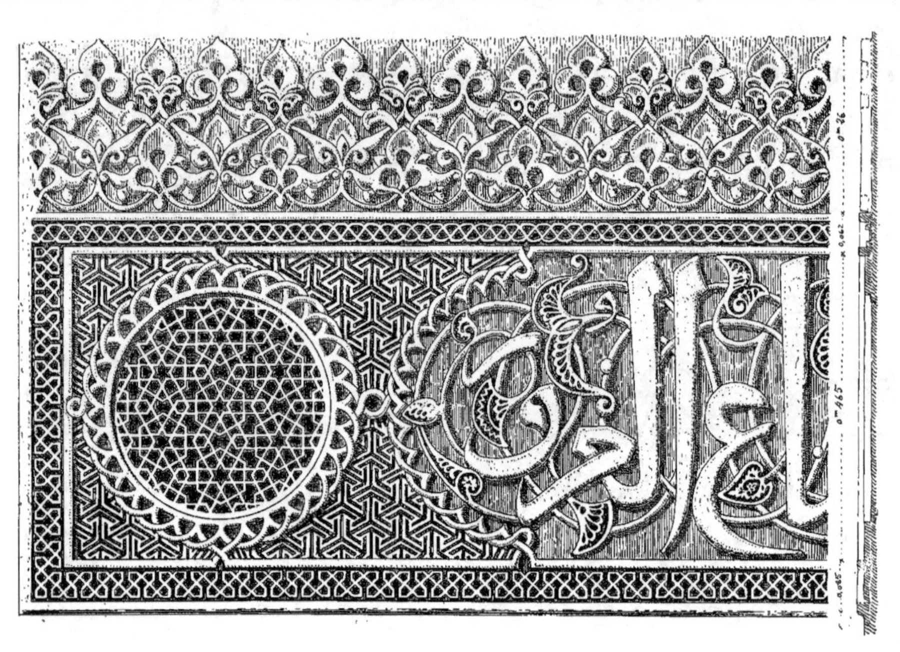

Écritures.

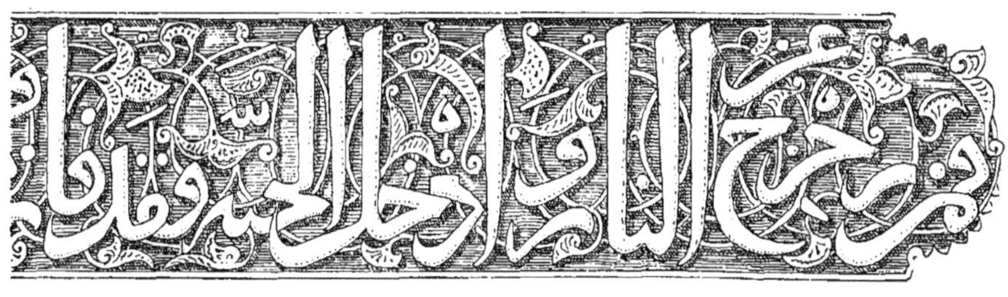

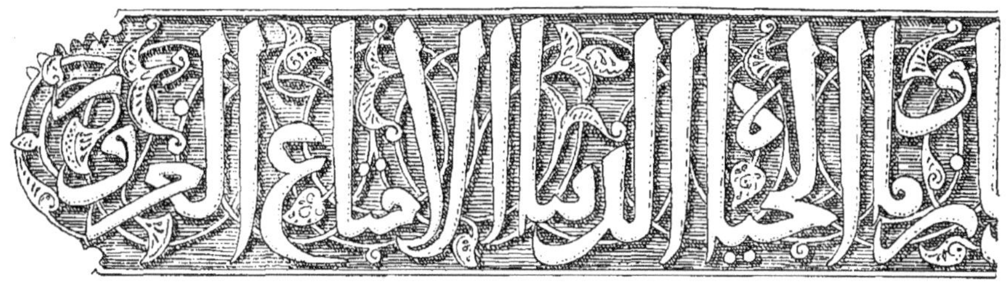

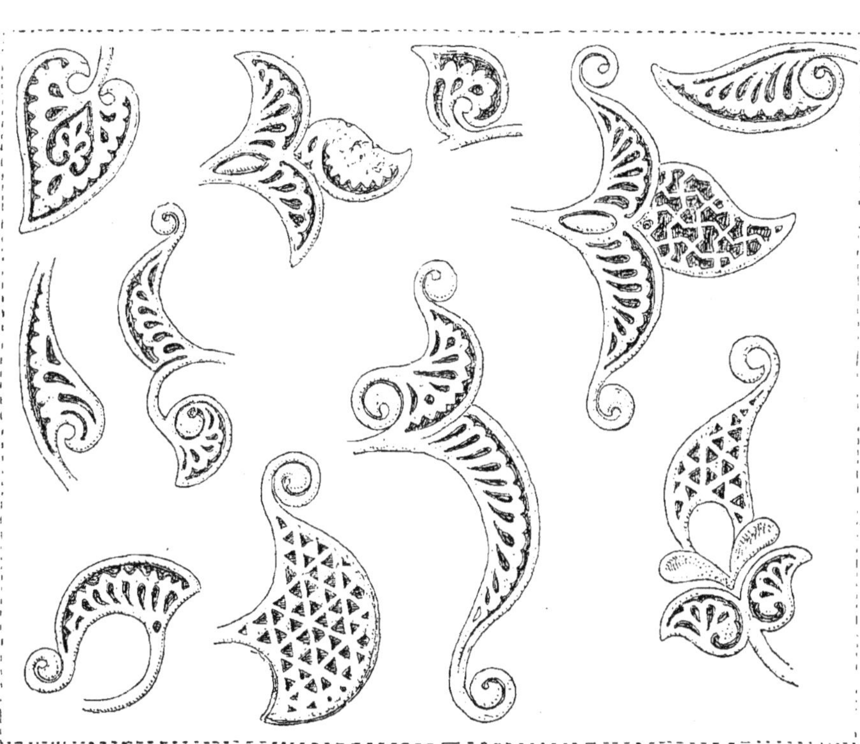

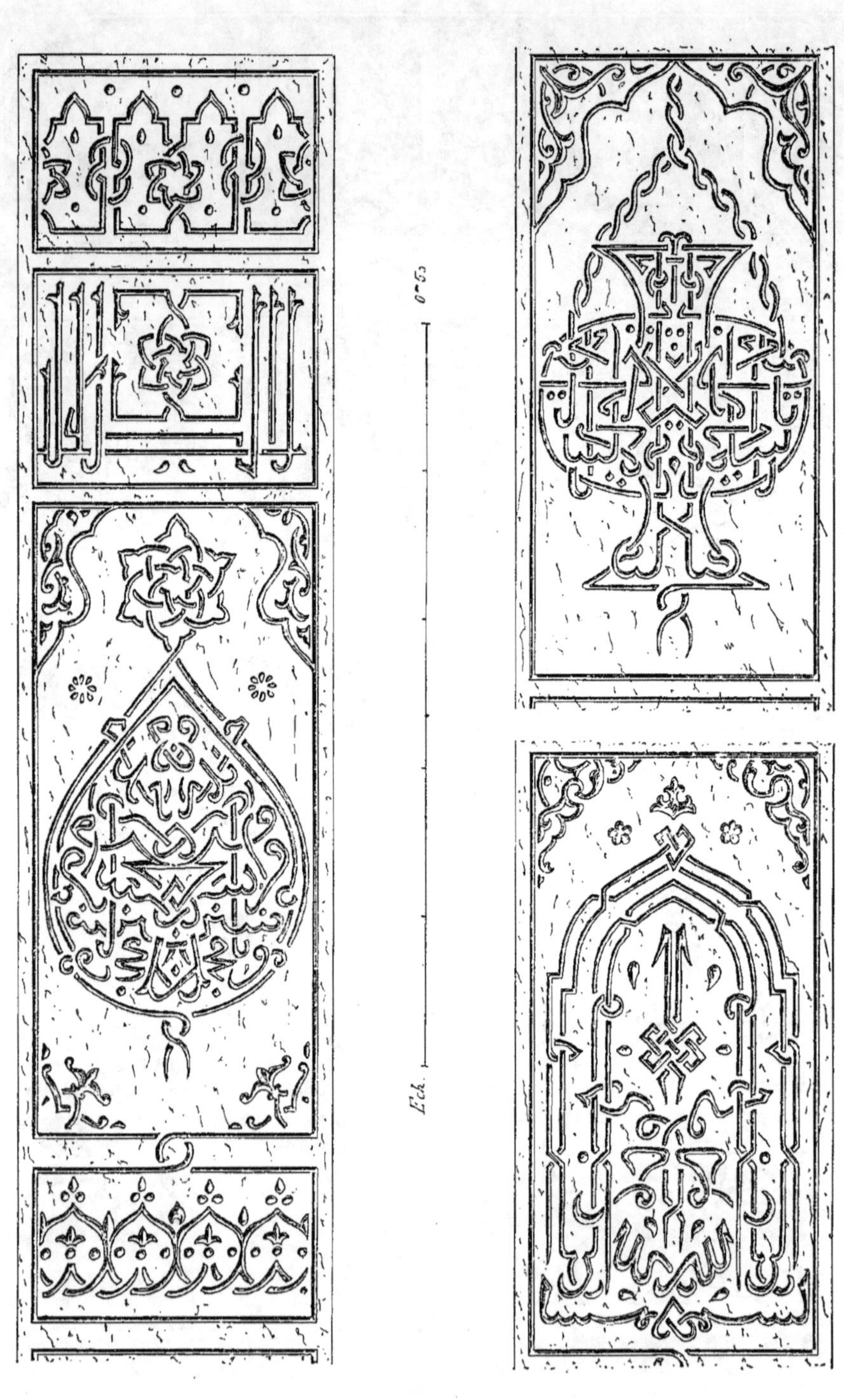
0^m 50
Ech.

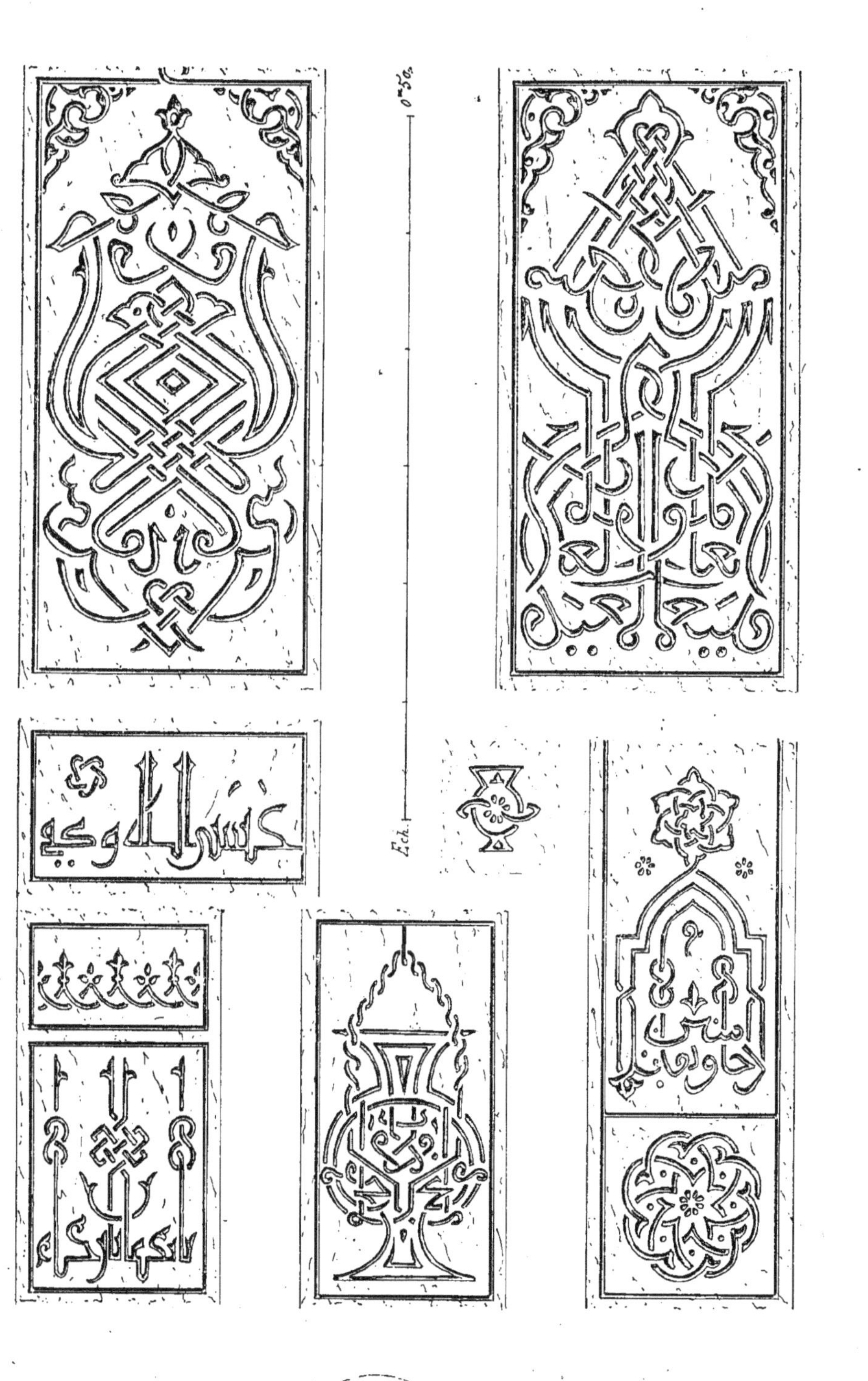
0m50
Ech.

www.ingramcontent.com/pod-product-compliance
Lightning Source LLC
LaVergne TN
LVHW050539100826
845148LV00002B/612

* 9 7 8 2 0 1 2 6 2 0 3 6 0 *